U0812318

图解中国文化

艺术卷 [五代－现代]

张长征 王玲梅 张红缨 编著

山东美术出版社
SHANDONG FINE ARTS PUBLISHING HOUSE

图书在版编目（CIP）数据

图解中国文化．艺术卷．五代～现代 / 张长征，王玲梅，张红缨编著．
——济南 ：山东美术出版社，2014.6
ISBN 978-7-5330-5053-5

Ⅰ．①图… Ⅱ．①张… ②王… ③张… Ⅲ．①文化史－中国－通俗读物②艺术史－中国－通俗读物 Ⅳ．①K203-49②J120.9-49

中国版本图书馆CIP数据核字(2014)第075310号

责任编辑：李艺 贾琼
封面设计：李伊
版式设计：刘萌 六月
主管单位：山东出版传媒股份有限公司
出版发行：山东美术出版社
济南市胜利大街39号（邮编：250001）
http：//www.sdmspub.com
E-mail：sdmscbs@163.com
电话：(0531) 82098268 传真：(0531) 82066185
山东美术出版社发行部
济南市胜利大街39号（邮编：250001）
电话：(0531) 86193019 86193028
制版印刷：山东新华印务有限责任公司
开　　本：880mm×1230mm 32开 4印张
版　　次：2014年6月第1版 2014年6月第1次印刷
定　　价：19.80元

Contents

目录

文房四宝——笔墨纸砚 …… 1

方寸之间的凝练——铜镜 …… 5

夕阳无限好 只是近黄昏——李煜和赵佶的末世绝响 …… 9

有笔有墨 水晕墨章——古代山水画宗师荆浩 …… 12

以孤幅压五代——顾闳中和《韩熙载夜宴图》 …… 15

细致的情绪 淡雅的格调——宋人花鸟小品 …… 19

夺得千峰翠色来——越窑青瓷 …… 23

世俗喧闹的都城风采——《清明上河图》 …… 27

佛陀的宫殿 释迦的塔——应县木塔 …… 31

画中之兰亭——黄公望的《富春山居图》 …… 35

瓷中瑰宝——元代青花 …… 39
梵我合一 挥写逸气——元四家 …… 43
唐宋遗风满壁是——永乐宫壁画 …… 48
东方艺术的一颗明珠——明式家具 …… 52
心运其灵 手熟其巧——景泰蓝 …… 56
博采众家吴门开——明四家 …… 61
快意诗、书、画——徐渭和《墨葡萄图》 …… 66
丹青有神——陈洪绶 …… 70
文人画的归宗复祖——董其昌和“南北宗”论 …… 74
清初第一写家——傅山 …… 78
墨点无多泪点多——八大山人 …… 82
搜尽奇峰打草稿——石涛 …… 86
精巧之致 鬼斧神工——清乾隆粉彩各色釉大瓶 …… 90
虽由人作 宛自天开——私家园林 …… 94
不睹皇居壮 安知天子尊——故宫 …… 98
唱、念、做、打——国粹京剧 …… 102
精美的石头会唱歌——篆刻 …… 106
挑战世俗与传统——扬州八怪 …… 110
诗书画印 苍劲郁勃——吴昌硕 …… 115
笔愈简而神愈全——齐白石 …… 119

文房四宝

——笔墨纸砚

PART .1

中国书画的工具和材料基本上是由笔、墨、纸、砚演变而来的，人们通常把它们称为“文房四宝”，大致是说它们是文人书房中必备的四件宝贝。因为中国古代文人基本上都是或能书，或能画，或既能书又能画，无论如何都离不开笔墨纸砚这四件宝贝的。

笔

我国的书写用笔起源很早。根据未经刀刻过的甲骨文字判断，夏商时期就已经有原始的笔了。如果再从新石器时期彩陶上面的花纹图案来看，笔的产生还可以追溯到五千多年以前。到春秋战国时期，各国都已经制作和使用书写用笔了。还有传说我们所用的毛笔是由战国时期的秦国大将蒙恬发明的。他发明的笔是由竹管和兔毛组成，所以就在当时流行的笔名“聿”字上加了个“竹”字头，今日简写作“笔”。

墨

中国书画奇幻美妙的艺术意境能得以实现必须借助于墨这种独

文房四宝

文房四宝

狼毫笔

老坑金星梅花歙砚

创的材料。

史前的彩陶纹饰、商周的甲骨文、竹木简牍、锦帛书画等到处留下了原始用墨的遗痕。古代黥面的墨刑、木工所用的墨绳、占卜的墨龟用的是天然墨或半天然墨。至汉代，开始出现了人工墨品。墨的原料取自松烟，最初是用手捏合而成，后来用模制，墨质坚实。今陕西省千阳县，靠近终南山，其山古松甚多，用来烧制成墨的烟料，极为有名。从制成烟料到最后完成出品，其中要经过入胶、和剂、蒸杵等多道工序，并有一个模压成形的过程，而最后，墨模的雕刻既是一项重要的工序，也是一个艺术性的创造过程。

纸

根据文献和实物资料我们得知，在纸张发明之前人们最早是采用结绳来记事，后来又在龟甲兽骨上刻辞，即“甲骨文”。在青铜出现以后，又在青铜器上铸刻铭文，即“金文”或“钟鼎文”。再后来，将字写在用竹、木削成的片上，称“简牍”。同时，有的也写于丝织制品的锦帛上。

现今出土的最早的古纸是西汉的。东汉的蔡伦改进造纸术，使得书写工具得以普及，也为世界文化的传播作出了卓越的贡献。

砚

砚，也称“砚台”，被古人誉为“文房四宝之首”。最常见的还是石砚。我国地大物博，到处是名山大川，产砚的地方自然也遍布全国各地。

最著名的是广东肇庆端砚、安徽歙砚、山东鲁砚、江西龙尾砚、山西澄泥砚。砚需常洗，每发墨必须砚净水新。墨锭则愈古旧愈好，因时间愈久其中的胶自然消解，但水必须加新。洗时可用莲蓬或旧茶叶刷涤。加水以微温为好，滚水会导致爆裂。所以书画家不但应懂得用砚，还应会养砚。

相传著名书法家蔡襄对歙砚尤其钟爱，有诗为证：“玉质纯美理纹精，锋芒都去墨无声。相如闻道还持去，肯要秦人十五城。”把歙砚质纯如玉、纹理精致、墨之锋芒磨尽却听不到一丝声音等特点，描绘得淋漓尽致，他甚至把此砚比作战国时的“和氏璧”，可见歙砚在蔡襄心目中的地位。

笔、墨、纸、砚，各有各的用途，各有各的讲究，所谓“名砚清水，古墨新发，惯用之笔，陈旧之纸”，合起来是整个一套，成为中国独特的传统书画艺术不可或缺的一部分，越来越多地得到世界各国人们的瞩目、珍爱。

湖笔

徽墨

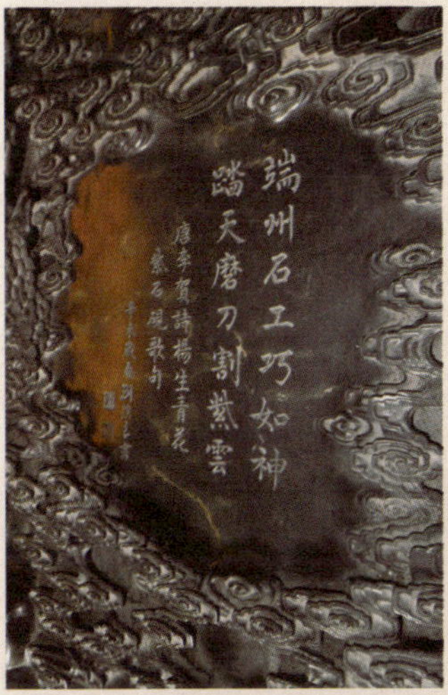

端砚

知识加油站

文中所说文房四宝，指的是书房中使用的四种工具。在习字作画过程中，文人对“文房四宝”的要求可是很讲究的。下面这些，可是他们的最爱：

湖笔——选料讲究，工艺精细，品种繁多，具有尖、齐、圆、健四大特点以及毫细出锋、毛纯耐用的优点。

徽墨——制作配方和工艺非常讲究，具有色泽黑润、坚而有光、人纸不晕、舔笔不胶、经久不褪、馨香浓郁、防蛀等特点。徽墨素有拈来轻、磨来清、嗅来馨、坚如玉、研无声、一点如漆、万载存真的美誉。其正面镌绘名家的书画图案，美观典雅，是书画艺术的珍品。

宣纸——发祥于安徽省泾县的宣纸，耐老化、不变色，少虫蛀，寿命长，故有“纸中之王、千年寿纸”的誉称。19世纪在巴拿马国际纸张比赛会上获得金牌。

端砚——在中国所产的四大名砚中，尤以广东省端砚最为著称。端砚以石质坚实、润滑、细腻、娇嫩而驰名于世，用端砚研墨不滞，发墨快，研出之墨汁细滑，书写流畅不损毫，字迹颜色经久不变，好的端砚，无论是酷暑，或是严冬，用手按其砚心，砚心湛蓝墨绿，水气久久不干，古人有“哈气研墨”之说。

有问必有答

什么是“文房四宝”？

文房四宝之名，起源于南北朝时期。历史上，“文房四宝”所指之物屡有变化。在南唐时，“文房四宝”特指诸葛笔、徽州李廷圭墨、澄心堂纸、江西婺源龙尾砚。自宋朝以来“文房四宝”则特指湖笔（浙江省湖州）、徽墨（安徽省徽州）、宣纸（安徽省宣州）、端砚（广东省肇庆，古称端州）。

拓展训练营

文房用具除四宝以外，还有笔筒、笔架、墨床、墨盒、臂搁、笔洗、书镇、水丞、水勺、砚滴、砚匣、印泥、印盒、裁刀、图章、卷筒等等，也都是书房中的必备之品。它们各自是怎样的形态呢？去当地的文化市场走一圈，相信你会有不少发现。

方寸之间的凝练
——铜镜

PART .2

花鸟人物螺钿铜镜 唐

双龙纹镜 宋

学过中国历史的人，大抵都知道这样一句话：“以铜为鉴，可以正衣冠；以古为鉴，可以知兴替；以人为鉴，可以明得失。”唐太宗认为失去忠臣魏征，犹如自己失去了一面可以照见得失的镜子。这句话中提到的“鉴”，就是本文所要介绍的铜镜。

在新石器时代的齐家文化尕马台墓地中发现的“七角星纹铜镜”，是中国最早的铜镜之一。圆形镜背上装饰有两道弦纹，间饰三角纹，构成七角星形图案。镜子的制作工艺为合范铸造，说明那时冶铸工艺已有相当水平。

秦汉和隋唐时期是铜镜发展的两个高峰。汉代铜镜的制作已极为精巧，大多嵌镶珠宝、饰有铭文，其铭文都是吉祥语句，如家势富昌、宜子孙等。到了隋唐时期，铜镜铸制工艺和装饰艺术更是达到了前所未有的成就。螺钿镜是这一时期的创造，中国历史博物馆所藏的“花鸟人物螺钿铜镜”便描绘了二老人坐于花下，饮酒作乐的景象。花间蝶鸟齐飞，荫下有一猫，前方仙鹤翩跹起舞，大唐盛世的繁荣景象跃然镜上。

宋代在经济和科学技术上有较大的进步，但由于铜的产量所限，铜禁比较严，加上带柄镜已大量出现，故而宋镜铸造得比较薄，合金工艺赶不上唐代。宋代世俗地主阶级、士大夫阶层经过唐代繁华的社会之后，他们的审美转向了自然界，这种美学情趣很自然地就反映在铜镜的装饰艺术上了。因此，我们所看到的宋镜的装饰题材中多为写生画的缠枝花草、鸟兽鱼虫、山水楼台、小桥

人物故事纹镜 元

双鹤人物镜 明

流水人家以及陶醉在自然美中的“隐居”者。这样的装饰，是中国铜镜艺术发展史上的一个重大转折，显示了强烈的时代感。

元代的铜镜沿用宋镜风格，形体较薄，纹饰多给人以粗犷的感觉，内容趋于简单化。明代铜镜装饰十分粗简，而且把以钮为中心的圆形图案改造成分上下左右关系的进深画面，题材中除一部分平面高浮雕的亭阁、人物之外，大量是素面铸字，如“长命富贵”、“福禄祥祯”等。乾隆以前的清代铜镜在造型、工艺和装饰上比之明代有了许多创新，纹饰规矩细致，色调浓重炽烈；乾隆以后，随着玻璃镜使用范围的扩大，铜镜逐渐走向了没落。

从审美的角度上，铜镜既是照面饰容的日常用具，又是精美的工艺品。它铸造精良、形态美观、图纹华丽、铭文丰富，是我国古代文化艺术遗产的珍品。铜镜的背面装饰着各种花纹和铭文，与当时的政治、经济、思想文化、社会生活及时代风尚都有密不可分的联系，为我们认识和研究古代社会提供了可靠的实物资料。

彩漆双喜龙凤纹镜 清

知识加油站

唐代铜镜发展达到了一个新的高峰，在这一时期，出现了许多流行的铜镜制作工艺，如金银平脱、螺钿等。

金银平脱——盛唐时期制作铜器的高级工艺。其作法，采用金、银薄片，裁制成各种纹样，用胶漆粘贴，然后髹漆数重，后细加研磨，使金银片纹脱露出。金银平脱有两种，一是花纹与漆底在同一平面；二是花纹高出漆底。唐玄宗时曾大量制造平脱器物以赏赐臣僚。

螺钿——是指用螺壳与海贝磨制成人物、花鸟、几何图形或文字等薄片，根据画面需要而镶嵌在器物表面的装饰工艺的总称。螺钿的“钿”字，据《辞海》中注释，为镶嵌装饰之意。

有问必有答

古铜镜面上锈斑对铜镜有怎样的危害？

铜锈一般分为无害锈与有害锈两种。由于受水浸土埋及大气的侵蚀，青铜表面逐渐产生变化，它们在青铜器表面形成了保护层使之不再继续遭受腐蚀，并增添了青铜器的古雅色调。这种是俗称的“无害锈”。有害的青铜锈，像绿色粉末，危害性很大，俗称为“青铜病”，即有害锈。有害锈发展起来会使器物损失逐步严重，并不断扩散，对这种现象必须及时处理，隔离存放。

拓展训练营

镜子在我们生活中极为重要。曾有一首歌这样唱到“在没有镜子的世界里，会不会忘了自己的模样？”你能设想一下，假如生活中没有镜子，你的生活会发生怎样的变化吗？

夕阳无限好 只是近黄昏

——李煜和赵佶的末世绝响

PART .3

李后主像

“春花秋月何时了，往事知多少。

小楼昨夜又东风，故国不堪回首月明中。

雕栏玉砌应犹在，只是朱颜改。

问君能有多少愁，恰似一江春水向东流。”

一首幽怨哀婉的《虞美人》，让我们记住了李煜。这位五代十国时的南唐国君，虽无力摆脱政治的颓势，却拥有着非凡的文学、艺术才华——命运于人，何其公平！李煜是位能书善画的君主，对于他的书法，陶谷《清异录》曾有这样的记载：“后主善书，作颤笔樛曲之状，遒劲如寒松霜竹，谓之‘金错刀’。作大字不事笔，卷帛书之，皆能如意，世谓‘撮襟书’。”而宋代郭若虚则在《图书见闻志》中这般评价李煜的绘画：“江南后主李煜，才识清赡，书画兼精。尝观所画林石、飞鸟，远过常流，高出意外。”遗憾的是，李后主并无书画传世于后，今天的我们只能从历史的只言片语中揣摩他作品的精妙了。

书画无存，词却不少。李煜的词不假雕饰，语言明快，形象生动，性格鲜明，用情真挚，亡国后的词作更是题材广阔，含义隽永，其水准超越了晚唐五代的词，不但成为宋初婉约词派的开山，也为豪放派打下基础，后世尊称他为“词圣”。难怪宋太祖征服南唐统一中国后感叹道：“李煜若以作诗词工夫治国家，岂为吾所俘也！”

然而在帝国之争中，李煜却是一个十足的失败者。他天真地以

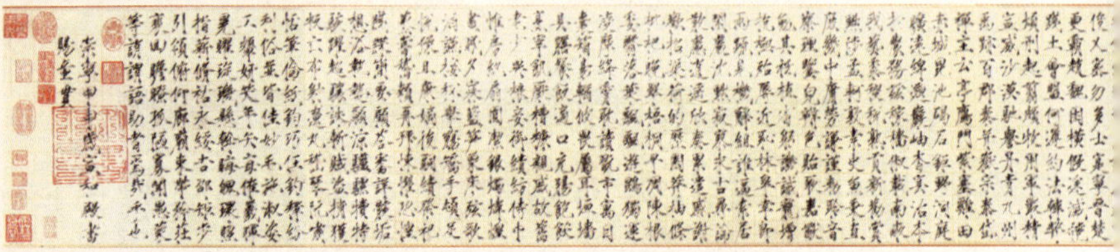

千字文 北宋 赵佶

柳鸦图 北宋 赵佶

为对赵匡胤无限的妥协就能换来当前的安逸。这导致的结果是：国库空了，城门破了。因此后代念及李煜，常常引用清朝袁枚《南唐杂咏》的诗句："作个才人真绝代，可怜薄命作君王。"

无独有偶，和李煜一样拥有惊世的才华与极高的艺术造诣的亡国之君还有宋徽宗。

宋徽宗赵佶，北宋末年的一位皇帝。赵佶酷爱书画，在位25年，政治上昏庸无能，以至亡国被俘；但对绘画事业却有倡导之功。他刚开始练书法时是学黄庭坚的风格，后来又学唐朝薛稷。徽宗流传至今的瘦金体书法作品比较多，代表作是《千字文》。《千字文》作于政和二年，时年赵佶41岁。整篇《千字文》笔势凌空，变幻莫测，犹如长江奔腾，一泻千里，运笔迅疾流畅，结体奇宕潇洒，颇为壮观，丝毫不亚于唐代草书"书圣"张旭与怀素，是不可多得的珍品。

在绘画方面，《柳鸦图》是他绘画风格的代表作之一，原为《柳鸦芦雁图卷》的前半幅。柳和鸦采用没骨画法，设色浅淡，构图洗练。粗壮的柳根，细嫩的枝条，姿貌丰腴的楼鸦画得都很精细工整。楼鸦双双休息、嬉戏，形态自在安详，点睛用生漆，更显得神采奕奕。

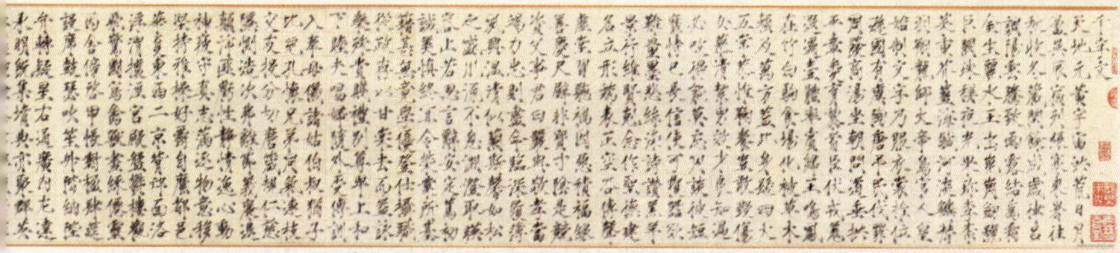

知识加油站

瘦金书亦称瘦金体、鹤体，楷书的一种，由宋徽宗赵佶所创。宋徽宗赵佶的楷书字体吸收了褚遂良、薛曜、薛稷、黄庭坚等人的风格，并创出新意，运笔挺劲犀利。笔道瘦细峭硬而有腴润洒脱的风神，自成一家，自号“瘦金书”。瘦金体的运笔飘忽快捷，笔迹瘦劲，至瘦而不失其肉，转折处可明显见到藏锋、露锋等运转提顿的痕迹，是一风格相当独特、洒脱明快、气韵脱俗的字体，今日的“仿宋体”，亦是从此中脱出。此书体以形象论，本应为“瘦筋体”，以“金”易“筋”，是对御书的尊重。

有问必有答

“李煜”是哪个朝代的国君？

李煜，南唐第三任国君，史称李后主。

拓展训练营

南唐后主李煜的词情真意切，婉约瑰丽。除了文中提到的《虞美人》，你还知道他的哪些词呢？找来读读吧。

PART .4

有笔有墨 水晕墨章

——古代山水画宗师荆浩

匡庐图 五代后梁 荆浩

在净影峡谷的一处绝壁之上，有一幅天然形成的山水画，中国传统水墨画的诸多元素全都蕴含其中，鬼斧神工，妙笔天成。传说，这里就是荆浩师法自然，创立中国山水画的地方。

荆浩是宋以前山水画理论的集大成者，又是中国水墨山水画理论的开创者，是北方山水画派的创始人。荆浩画风之源，首先在于北方大自然的陶冶，巍巍太行山乃是其天然粉本。长时间的实景临摹，让他悟出了一种全新的中国画技法，形成了“有笔有墨，水晕墨章，大山大水，开图千里”的全新艺术风格。从艺术表现手法考察，他主要接受了王维、张璪的影响，同时兼取吴道子、项容之长，创造出有笔有墨、峻厚雄伟的壮美之境、阳刚之气，令人触目，更令人赞叹。

现藏于台北故宫博物院的《匡庐图》是荆浩的代表作之一（纵185.8厘米，横106.8厘米，水墨绢本）。此作画境宏阔博大，气势雄伟峭拔，反映出以荆浩为代表的北方画派的基本艺术特征。为了便于吸纳万象，写成“全景山水”，作者采用立轴构图，以纵向布局为主。由下往上看，作品层次井然，一层高过一层。在群峦众岭的映衬环拥下，最高峰挺然直出，上摩穹苍。此图集中体现了荆浩的笔法特点，勾、皴、染三法并举，既突出了造型的结构、形态的立体感和厚重感，又显示了水墨技法的特殊韵致。在画面的营造上，作者将“高远”、“平远”二法结合起来，交替使用，峻峭耸立的巍巍峰峦与开阔平旷的山野幽谷自然出现在图中，毫无抵牾不合之处；而古松巨石与层叠的峰峦相映相发，更是将全画幽深缥缈的境界清楚准确地烘染出来。画幅上留天、下留地，上方空白处有后人题跋数款“翠微深处墨轩楹，绝磴悬崖瀑分明。借我扁舟荡空碧，一壶春酒看云生。”右上端有“荆浩真迹神品”六字，传为宋高宗笔迹。

荆浩不仅创造了笔墨并重的北派山水画，还为后人留下了著名的山水画理论《笔法记》，假托在神镇山遇一老翁，在互相问答中提出了气、韵、思、景、笔、墨的所谓绘景“六要”，他用这六条将山水画分为“神、妙、奇、巧”四等，还总结了运笔技巧的“筋、肉、骨、气”四势。可说是后学者必读之书，是必须具备的基础理论。

他的弟子关仝的山水画成就更有“青胜于蓝”之誉，史称“荆关山水”。“荆关山水”的出现，标志着中国古代山水画体系的完全独立与艺术成熟，荆浩因此被尊称为“古代山水画宗师”。

知识加油站

《笔法记》是荆浩著名的山水画理论文章，对后世画家产生了深远的影响。

关于山水画的表现要求。荆浩认为只有“真者”，才能“气质俱盛”，这也是具体地丰富和发展了张璪的“外师造化，中得心源”的创作理论。

关于绘画品评。荆浩提出了神、妙、奇、巧四个方面。这是从创作的角度，来阐述作品在表现上如何达到这些要求。

关于用笔、用墨的问题。荆浩提出笔有四势，并扼要说明运笔在表现上的重要性。关于用墨，这是前人所未作深论者，荆浩着重提出并加以阐述。这说明墨法到了唐末、五代有了很大的发展。

关于画病。荆浩以为画病有二：一曰无形，二曰有形。

提出了师法古人和创新的问题。要求作画应该遵循规矩法则，但又应超乎其之外，即要求画家“于有法中无法，无法中有法”，不受规矩法则所束缚。

有问必有答

文中提到荆浩绘画“师法自然”。那么，什么是“师法自然”呢？

所谓师法自然，指的是以大自然为师，加以效法的意思。简言之，就是效法自然的法则、规律。

拓展训练营

古人师法自然，常常会在日常生活中借由仔细地观察发现事物的规律。画家郭熙在《林泉高致》中曾提出山水画空间的表现有三种不同的远近视觉现象，即“山有三远，自________谓之高远，自________谓之深远，自________谓之平远”。你能依据视觉规律，正确填入下列选项吗？

A、山前窥山后　　B、山下而仰山巅　　C、近山而望远山

PART .5

以孤幅压五代

——顾闳中和《韩熙载夜宴图》

在北京故宫博物院内，珍藏着一幅一千多年前的古典绘画——《韩熙载夜宴图》。这幅镇馆之宝出自五代南唐著名画家顾闳中之手，经过千年的辗转，如今竟能完整无缺地保存下来，堪称奇迹。

顾闳中（910—980）江南人，五代十国时南唐人物画家，曾任南唐画院待诏，用笔圆劲，间以方笔转折，设色浓丽，擅描摹人物神情意态，与周文矩齐名，唯一传世作品为《韩熙载夜宴图》。

韩熙载夜宴图（局部） 五代 顾闳中

《韩熙载夜宴图》是一幅描写当时的现实生活，反映真人真事，具有深刻主题思想和较高艺术性的作品。说起这幅画，有一段颇不寻常的故事。据中国画著录书《宣和画谱》记载，五代时南唐中书舍人韩熙载是一位很有才华的官员，出身北方望族，唐朝末年登进士第，懂音乐，擅长诗文书画，而且富有政治才能。但是，此人蓄养歌伎，纵情声色，家里常常宾客云集，时时饮宴，常常酣歌达旦，把一腔苦衷寄托在歌舞夜宴之中。权弱的后主李煜倚重韩熙载，想用他为

韩熙载夜宴图（局部） 五代 顾闳中

韩熙载夜宴图（局部） 五代 顾闳中

相，又不放心。原来，当时国家分裂，南北分治，南唐国势衰弱，北方强大的后周对南唐构成了严重的威胁。后主李煜对那些在南唐做官的北方人心有猜忌，生怕他们存有二心。一次，有人向后主李煜报告，今晚又有一些朝中官员要去北方籍大臣韩熙载家聚会。后主李煜心存疑惑，为了解真实情况，派顾闳中和周文矩深夜潜入韩宅，了解他的背后活动情况。回去后，顾闳中和周文矩根据自己的目识心记，各自绘制了一幅《韩熙载夜宴图》送给后主李煜。李煜看了画以后，对韩熙载的戒心减少了许多。现在得以留世的《韩熙载夜宴图》正是顾闳中的传世名作。

《韩熙载夜宴图》是一幅手卷本连环画，画面共分听乐、观舞、暂歇、清吹、散宴五段，各段之间以屏风、床榻等相隔，但又以之相连，分别呈现出韩熙载与其宾客舞伎们听琴、观舞、休息、分别等情节。

韩熙载夜宴图 五代 顾闳中

首段“听乐”，韩熙载与状元郎粲坐床榻上，正倾听教坊副使李家明之妹弹琵琶，旁坐其兄，在场听乐宾客还有紫微朱铣、太常博士陈致雍、门生舒雅、家伎王屋山诸人；二段“观舞”，众人正在观看王屋山跳“六幺舞”，韩熙载亲擂“羯鼓”助兴，好友德明和尚不期而遇，尴尬地拱手背立；三段“暂歇”，韩熙载与家伎们坐在床上休息，韩正在净手；四段“清吹”，韩熙载解衣盘坐椅上，欣赏着五个歌女合奏；五段“散宴”，韩氏手持鼓槌送别，尚有客人与女伎调笑。

在全图40余个人物的刻画上，顾闳中力求以形传神，通过人物的动态表现来反映其内心状况，如：每段中出现的韩熙载，面部角度、服饰、动作表情各有不同，但有一点相同，脸上没有笑意，总是深沉、忧郁的。画家把这样一个才气高逸，但神态抑郁的韩熙载既置身于声色之中，又韬光养晦，淋漓尽致地刻画了韩熙载矛盾复杂的内心世界。

韩熙载夜宴图（局部） 五代 顾闳中

知识加油站

《韩熙载夜宴图》是如何保存下来的?

《韩熙载夜宴图》原藏于清朝宫廷之中，清末由溥仪皇帝秘密带出皇宫逃亡东北。1945年抗战胜利以后，伪“满洲国”随即灭亡，这幅名画也遗失于长春民间，后来被北京古玩店玉池山房的老板马霁川购得。

1945年的秋天，张大千准备在北京买房定居，正巧有一处清朝王府的住宅想出售，要价500两黄金，张大千看房后非常满意，当即交了定金，准备过些日子搬过来。几天以后，张大千突然听说北京琉璃厂玉池山房有一名画《韩熙载夜宴图》出售，便立即同友人赶了过去，当他检验确定为真品后欣喜若狂，对方开价500两黄金，他价也不还立即决定买下，可500两黄金毕竟不是小数目，况且他已买了王府住宅，上哪去筹那么多钱?思前想后，张大千只好退掉了王府住宅。他对友人说：“房子什么时候都能买到，而这名画如果失去就再也看不到了!”《韩熙载夜宴图》到手以后，张大千如获珍宝，倍加爱惜，特意刻了一枚印章“东南西北，只有相随无别离”盖在画作之上。1952年，旅居香港的张大千决定到阿根廷定居，为了筹措路费，张大千决定出售自己珍藏的《韩熙载夜宴图》。令人没有想到的是，花500两黄金买到的名画，他只卖给友人2万美金。

不久，时任国家社会文化事业管理局局长的郑振铎在周恩来总理安排下，赶到香港，在张大千友人处购回了这幅名画，国宝以这种方式回归了祖国。

有问必有答

文中所提到韩熙载亲擂“羯鼓”，“羯鼓”是什么呢?“羯鼓”是一种出自于外夷的乐器，据说来源于羯族。羯鼓两面蒙皮，腰部细，用公羊皮做鼓皮，因此叫羯鼓。它发出的音主要是古时十二律中阳律第二律——度。古时，龟兹、高昌、疏勒、天竺等地的居民都使用羯鼓。

拓展训练营

你能用书画或文字等形式描绘出你印象最深的一次聚会么?试试看。

细致的情绪 淡雅的格调
——宋人花鸟小品

PART .6

两宋在中国历史上是一个特殊时期，一方面中原及江南、西蜀地区结束了五代的分裂割据局面，社会相对稳定，经济获得恢复和发展；另一方面在中国大地上还同时存在着西夏、辽、金等少数民族政权，政治上未能统一。尽管如此，此时的社会经济，尤其是宋朝统治的地区仍获得很大发展，城市繁荣，商业发达，市民文化需求进一步增强，各政权间的经济、文化交流日益频繁，统治者出于对政治及装饰宫廷殿堂的需求，对绘画非常重视，个别帝王也雅好绘画，于是绘画的作用及画家的地位较之前代有了很大的提高。尤其是翰林图画院及画学的设置与创立，集中了当时最优秀的画家从事

果熟来禽图 南宋 林椿

海棠蛱蝶图 南宋 佚名

秋柳双鸭图 南宋 李迪

枯树八哥图 南宋 佚名

创作，客观上促进了绘画艺术的发展与繁荣，使此时的绘画呈现出全面繁荣的局面。

在宋代，绘画艺术获得了全面发展，山水、花鸟、人物三大画科齐头并进，争奇斗艳，成就卓著。其中，山水画在此时已成为主要画种，受到广泛欢迎，“画中最妙言山水”。

这一时期，花鸟画也获得了长足的进步，朝野画家精于花鸟画者大有人在。统治者出于装饰殿堂、点缀歌舞升平的需要，于花鸟画格外重视。宋徽宗赵佶在位期间更是利用天子之尊，大力发展画院，罗致绘画精英为其服务，使得包括花鸟画在内的院体绘画得到空前发展。在艺术表现上，宋代花鸟画注重理法，画家重视观察自然状态下花鸟的形貌神态及生活习性，凡画务求精工细描，形象追求生动逼真，画风富丽典雅，富有装饰意趣。此时文人画开始出现，画家们通过特定的题材，如梅、兰、竹、菊、水仙等的自然形态特征，表达了他们的人格精神和审美趣味，成为花鸟画的重要组成部分。大批文人的参与，极大地提升了绘画艺术的思想性与文化价值。

《桃鸠图》是赵佶的传世之作。此幅作品为赵佶早年所画，图绘一枝桃花，一只鸠鸟缩颈栖立枝头，形象准确，神态生动，富有情致。在表现形式上，此图以简取胜，画面上一枝花、一只鸟，

白头丛竹图 南宋 佚名

别无他物，这正是中国画尤其是花鸟画在构图布局上的高妙之处，简洁的画面传达着丰富的内容，所谓景少意多是也。精细的线描勾勒、排列有序的翅羽、鲜嫩浓绿的设色、多层的墨色晕染，使鸠鸟呈现出华贵雍容的意态，这也正是皇家贵族的审美趣味。赵佶虽是昏君，在位期间，政治上毫无作为，但他雅好文艺，富有多方面才艺，琴棋书画、诗词歌赋无所不能，尤其是书画两项，更是造诣精深，成就卓著，堪称一代大师，在中国美术史上影响深远。

两宋是中国花鸟画发展的黄金时期，中国传统的人文、哲学思想在广度和深度上指引着花鸟画的发展。以册页、扇面为形式的小品画在这一时期大量涌现。小品花鸟以盈尺的画幅传达着中国传统的艺术精神，它间接反映了宋代的社会状态，这种状态凝定为宋代的审美标准——“平和简淡”。两宋花鸟小品画在有限之物中观照着画外的无穷意境，这是宋人平和、淡雅、悠远的心理需求的映射，是中国传统美学中辩证美学意识的完美再现。

桃鸠图 北宋 赵佶

知识加油站

画院的兴盛是宋代绘画空前发展的重要原因之一。两宋是中国画院的极盛时代，在画院的组织形式上是最为完备的。在艺术教育上，无论学科与考试诸方面，都有健全的体制，它随着两宋经济的发展，取得了较大的成就，成为历代画院的典范。来自西蜀的黄筌、黄居寀、赵元长、高文进等以及来自南唐的王齐翰、周文矩、厉昭庆、顾德谦等，都随其故主来到北宋，成为宋初画院的骨干。

有问必有答

文中提到，小品花鸟大量以册页、扇面形式呈现。你知道什么是册页吗?

册页，是中国书画装裱体式之一，又称册叶、叶册。由一张张对折的硬纸板组成，可以左右或上下翻阅。这种形式是受宋代书籍册页装的影响而出现的。册页有三种样式："推篷式"、"蝴蝶式"、"经折式"（亦称经褶式）。

拓展训练营

册页装裱的三种样式"推篷式"、"蝴蝶式"、"经折式"各自是什么样子呢?查查看吧。

夺得千峰翠色来

——越窑青瓷

PART .7

“九秋风露越窑开，夺得千峰翠色来，好向中宵盛沆瀣，共嵇中散斗遗杯。”你知道唐代陆龟蒙这首《秘色越器》描写的主人公是谁吗？答案是：越窑青瓷。

越窑是我国浙江东部地区瓷窑的统称，也是我国烧瓷历史最早的瓷窑之一，是最著名的青瓷窑系。越窑窑址主要在慈溪、余姚、上虞、绍兴一带。在唐代这些地方归越州管辖，故称越州窑，简称越窑。中国最早的瓷器就是东汉时在越窑的龙窑里烧制成功的。跨越从东汉到南宋初一千多年的历史，越窑经历了创烧、发展、鼎盛和衰落的发展过程，因此东汉至南宋的浙东青瓷统称为越窑青瓷系。中唐至北宋早期是越窑的鼎盛时期。

越窑青瓷方盒　五代

唐朝的瓷器生产遍地开花，形成了南青北白的格局，而南方的代表就是越窑青瓷。唐代的越窑青瓷生产以宁绍地区为主，但其重心移向今慈溪的上林湖。随着瓷器质量的提高与社会需求的增加，生产场所迅速扩展，形成了庞大的越窑青瓷瓷业系统。越窑的规模生产，带来了可观的利润，朝廷也开始征收窑业税。

越窑青瓷在高峰时期的工艺特征自然也有独特之处，唐代青瓷的造型承袭了南朝、隋朝，同时也创造了许多新的器形。唐早期的青瓷在前代风格的基础上进行了改革创新，主要器形有碗、盘、壶、罐、盏、杯、钵、水盂、砚台等，其中以碗、盘形制变化较大。唐中期随着工艺的不断完善与进步，青瓷质量有了显著的提高，胎质细腻，绝大多数器物为满釉且釉层均匀、光泽、滋润，并采用划花等装饰工艺，器形古朴端庄，产品种类丰富且制作精细。

越窑刻划宴乐人物执壶 五代

唐代晚期整个瓷业进入繁盛状态，制瓷水平达到炉火纯青，大量烧制精美的秘色瓷。至五代时期越窑青瓷达到鼎盛时期，部分圈足器物由原来的挖足修整变为分段制作粘接，釉色莹润、造型规正典雅，烧制精良。

北宋时期继续越窑青瓷的繁荣发达，整个青瓷器的制造工艺过程包括胎、釉、装饰、装烧等都得到了技术上的进一步提高，器物胎骨细而薄，釉层薄而透明，普遍采用了底足垫圈支烧，器物造型多样，装饰纹理盛行纤细繁缛的划花和刻花。

越窑青瓷，以胎质细腻、造型典雅、青釉莹莹、质如碧玉而著称于世。这种如冰似玉的美丽釉色，深受诗人的赞赏和喜爱，咏瓷诗的出现，是越窑青瓷艺术文化张力延伸的结果。

越窑青瓷釜 五代

越窑薰炉 五代

青瓷鸳鸯注子 五代

知识加油站

在目前世界各地出土的陶瓷器中可以看出，越窑青瓷的输出可以居首位，一定程度上越窑青瓷对世界文明作出了卓越贡献。目前在世界各地的遗址和港口往往都发现有越窑的青瓷器。非洲北部埃及开罗的福斯塔特遗址中，发现中国陶瓷一万二千片之多，在这些陶瓷中数量最多的是越窑青瓷，且越窑青瓷质量优良，品种又是精品。因此，越窑青瓷的问世，不仅对世界物质文化建设作出了重要贡献，而且对世界精神文化发展也起了重要的作用。

有问必有答

越窑发展的鼎盛时期，烧制的青瓷称作“秘色瓷”。那么，什么是“秘色瓷”呢?

古代越州名窑进贡朝廷的一种特制瓷器，简称“秘瓷”。“秘色”一词最早出自晚唐诗人陆龟蒙诗篇《秘色越器》。宋、明、清迄今，学者们为“秘色”一词的确切含义屡有争议。据宋人说，五代吴越国王钱鏐规定越窑专烧供奉用的瓷器，庶民不得使用，且釉药配方、制作工艺保密。1987年4月陕西省考古工作者在扶风县法门寺唐代地宫，发掘出13件越窑青瓷器，在记录法门寺皇室供奉器物的物账上，这批瓷器的确记载为“瓷秘色”，从而使人们进一步认识了“秘色瓷”。这批“秘色瓷”除两件为青黄色外，其余釉面青碧，晶莹润泽，有如湖面一般清澈碧绿。

拓展训练营

古往今来，许多文人墨客都用优美的文字为我们描述了瓷器的美。你还知道哪些描写瓷器的诗句呢?

世俗喧闹的都城风采

——《清明上河图》

PART .8

2010年上海世博会，中国馆内的一件集合了多种展示效果于一体的《清明上河图》吸引了无数观者的目光。而这幅图的原型，究竟是怎样一幅作品呢？

北宋晚期张择端画的《清明上河图》，可谓是“风俗画”的鸿篇巨制，它就像一部纪实片，向观者详细真实地讲述了北宋时期都城汴梁的时代风貌，该作品内容复杂，场景开阔，人物众多，是一幅不可多得的艺术珍品，也是一幅最具传奇色彩的绘画作品，还是历朝历代被临摹最多的一幅作品，如明代画家仇英就曾仿画过。该画堪称中国美术史上的稀世神品，是历朝历代皇宫贵族争相收藏的珍品。

张择端，东武（今山东诸城）人，生卒年月不详，北宋晚期著名画家，主要活动在宋徽宗时代。史书上说，他自幼好学，曾游学于京师，后因画艺出众，才华横溢，被宋徽宗赵佶召进翰林图画院，亲自命题让张择端绘画北宋京都的繁华盛景。张择端请旨到郊外作画，这样可以安心创作。谁能想到，这样一幅北宋京都的繁华

清明上河图（局部） 北宋 张择端

盛景，竟是在都城郊外的偏僻农舍里创作完成的。张择端呕心沥血完成此作品，并将画好的长卷呈给宋徽宗御览时，徽宗大喜过望，连连夸赞，爱不释手。从此，《清明上河图》被宋徽宗赵佶收人皇宫内府。历史上确切记载张择端传世作品也只有一件，那就是《清明上河图》，但仅此一件，足可光照千秋。

《清明上河图》，绢本设色，纵24.8厘米，横528.7厘米。表现了北宋宣和年间，首都汴梁（今河南开封）清明时节的繁华景色。这幅作品内容极其丰富，技巧高超。画中人物超过550人，船只20余艘，车、轿20余乘，房屋店铺，鳞次栉比，人马喧闹，充分反映了宋代京城水陆两运繁忙和商业兴盛的景象，是北宋汴梁社会风俗的全面反映，众多的人群，丰富的场景，自然逼真，它不是一般的表

清明上河图 北宋 张择端

面热闹场面的纪录，而是以各个阶层的人物的活动为中心，深刻地把这一历史时期的社会动态和人民生活状况展示出来，是一幅有着高度的历史性、真实性的艺术作品，是一部前无古人的宏伟史诗。

《清明上河图》在历史上数次经历劫难，最后一次是1945年，末代皇帝溥仪在沈阳机场乘飞机准备逃往日本，飞机起飞后被苏联红军迫降，溥仪和他的随从人员，以及随身携带的珍宝、字画被苏联红军截获，其中就有《清明上河图》，从此该画下落不明。直到1950年，著名书画鉴定专家杨仁恺先生在负责整理鉴定解放战争收缴得来的大量书画珍品时发现了《清明上河图》，后经鉴定就是张择端的真迹，使得这一遗失多年的国宝重见天日，再次入藏北京故宫博物院。

知识加油站

在中国美术史上，《清明上河图》可谓是一幅最具传奇色彩的作品，也是历朝历代被临摹最多的一幅作品。据统计，目前国内外公私所藏的清代以前所作的《清明上河图》有30多卷，其中中国内地藏有10多幅（包括故宫博物院藏5幅、辽宁省博物院藏1幅），中国台北故宫博物院1幅，美国藏有5幅，法国藏有4幅，英国和日本各藏1幅等。其中最有名的是北京故宫博物院收藏的张择端版《清明上河图》、辽宁省博物院收藏的明版《清明上河图》和台北故宫博物院收藏的清院版《清明上河图》。

有问必有答

文中称《清明上河图》为“风俗画”的鸿篇巨制，那么，什么是风俗画呢？

中国历史进入宋代，结束了五代十国连年的征战局面，社会逐步走向稳定，农业经济也得到了发展。农业的发展也带动了商业和手工业的空前繁荣，形成了新兴的市民阶层，于是表现市民生活题材的文艺作品也应运而生。因为手工业、商业的发展、城市规模的扩展和经济的繁荣，一部分画家逐渐走出画室，融入现实生活，随后就出现了一种取材于市民生活的“风俗画”，主要反映当时身处下层人们的社会生活状态，如商人、小手工业者，还有妇女和儿童，这些普通的人物形象不断地出现在画家的笔端，成为他们乐于表现的题材和重点描绘的对象。由于画家对生活实际体验的增强，所以在表现上得心应手，真实生动，这在以往的人物画作品中是很少见的。

拓展训练营

《清明上河图》在构图上采用“散点透视法”，真实地再现了北宋都城汴梁清明时节的繁华景象。查查看，什么是“散点透视法”？它在绘画构图上具有怎样的优势呢？

佛陀的宫殿 释迦的塔
——应县木塔

PART .9

应县木塔，全名为佛宫寺释迦塔，位于山西省朔州市应县西北角的佛宫寺院内，是佛宫寺的主体建筑。是我国古建筑中的瑰宝，世界木结构建筑的典范。

应县木塔的珍贵价值可以概括为最古、最高、最多、最巧、最固这几个词。最古是说它的塔龄，它建于辽清宁二年（1056年），

应县木塔外景图

应县木塔手绘图

应县木塔结构体系示意图

应县木塔局部图

距今已有九百多年的历史了，是我国现存最古老的木塔，也是世界上现存最古的木构建筑。最高是它的高度，它的高度有67.31米，相当于20层楼房，不仅是全国最高的木塔，而且是当今世界最高的纯木构建筑，所以，它也堪称是一个擎天柱。最多是指它的斗拱种类。木塔共用54种不同形制的斗拱，堪称斗拱博物馆。最巧是说木塔的设计。木塔为纯木结构，67.31米的高度没有用一根铁钉，全靠榫和卯咬合，造型美观。据统计全塔共用木料10000方，重约7400吨，当地有这样一句话：砍尽黄花松，建起应州塔。最固是说它的结构。我们知道高度和稳固是成反比的，越高越不稳定。应县木塔67.31米，历经近千年，仍屹立不倒。因为它是一个双层套桶结构，这就增加了它的稳固性。此外，这样的结构还巧妙的发挥了木头的柔韧性，所以，在经历了十几次大的地震后，宝塔还能屹立不倒。

应县木塔不仅具有超凡的建筑成就，而且还有丰厚的历史文化艺术沉淀，主要反映在名匾众多、彩塑壁画独特、佛牙舍利珍贵三个方面。木塔建成以来，观瞻木塔成为许多人向往的乐事。历代君王将相、达官显贵、文人墨客、佛门弟子前来登临观赏、抒发情怀、泼墨题字，留下了许多赞颂的匾额和楹联。塔上和寺门牌楼共有53面牌匾和6幅楹联，内容丰富多彩，寓意深长，笔力遒劲，是中华文化、书法艺术之瑰宝，同时也是历代修缮木塔的见证。1974年维修木塔时，在四层主佛像体内发现了一大批辽代珍贵文物，其中刻经、写经和木刻板套色绢质佛画以及七珍八宝等，内容丰富，年代准确，是多年来国内外辽文物的一次空前发现，对研究我国印刷工艺发展史和辽代政治、经济文化具有重要的学术价值。此外，应县木塔这座集建筑文化、道家文化和佛教文化于一体的文化之塔，珍藏着两枚佛牙舍利，并且被称作“佛陀的宫殿，释迦的塔”，这在佛教建筑中是独一无二的，也是广大佛教信众瞻礼释迦牟尼真身舍利的圣塔。

应县木塔不仅是中国的奇迹，也是世界的奇迹，所以它与法国的埃菲尔铁塔、意大利的比萨斜塔、埃及的金字塔合称为世界四大奇塔。

应县木塔三维模型图

知识加油站

斗拱是我国古代建筑所特有的结构形式，靠它将梁、枋、柱连接成一体。由于斗拱之间不是刚性连接，所以在受到大风地震等水平力作用时，木材之间产生一定的位移和摩擦，从而可吸收和损耗部分能量，起到了调整变形的作用。除此之外，应县木塔内外槽的平座斗拱与梁枋等组成的结构层，使内外两圈结合为一个刚性整体。这样，一柔一刚便增强了木塔的抗震能力。应县木塔设计有近60种形态各异、功能有别的斗拱，是我国古建筑中使用斗拱种类最多，造型设计最精妙的建筑，堪称一座斗拱博物馆。中国工程院院士叶可明和江欢成认为，保证木塔千年不倒的原因首先从结构力学的理论上来看，木塔的结构非常科学合理，卯榫咬合，刚柔相济，这种刚柔结合的特点有着巨大的耗能作用，这种耗能减震作用的设计，甚至超过现代建筑学的科技水平。

有问必有答

应县木塔为何没有受到雷击损毁?

高层木构建筑最怕的自然灾害是雷击，历史上有些木塔就毁于雷火。应县木塔可以说是一个杰出的防雷范例。它为何不受雷击，长期以来是一个不解之谜。最近的研究表明，不受雷击和它高达10米的金属塔刹有关。塔刹全为铁件制成，有覆钵、相轮、露盘、月牙、宝珠等，略显亮光，中心有铁轴一根，插入梁架之内，周设八根铁链系紧，迄今完好无损。从20世纪70年代发展起来的一种防雷装置——现代消雷器的原理看，应县木塔的塔刹是一个很典型的“伞形离子发生器……法拉第笼的上盖”。因此，可使木塔千年不受雷击。事实上也是如此，木塔四周在雷雨天常有雷击现象，仅上世纪50年代，在离塔100米左右的地方就有两次雷击，但木塔却安然无恙。由此可见，应县木塔是科学、艺术与宗教的完美结合，是人类木构建筑史上的奇迹，也是山西人智慧的结晶。

拓展训练营

亲爱的小读者，历史上有一则“麻燕代代护塔”的真实“神话”，你能查阅到吗？ 想想看？为什么我们称这个小故事是真实的“神话”呢?

画中之兰亭

——黄公望的《富春山居图》

PART .10

黄公望，他的籍贯有多个版本的说法，其中广为流传的是他本姓陆，名坚，宋咸淳五年（1269年）生于江苏常熟子游巷。陆家并不富庶，陆坚早年父母双逝，被过继给黄乐为嗣。黄乐，浙江永嘉人，年近90，老来得子，兴奋不已，挚友祝贺曰：“黄公望子久矣”，于是陆坚改称黄姓，名公望，字子久，号大痴、大痴道人，又号“一峰道人”，擅长山水，首创浅绛山水，为“元四家”之首。存世名画

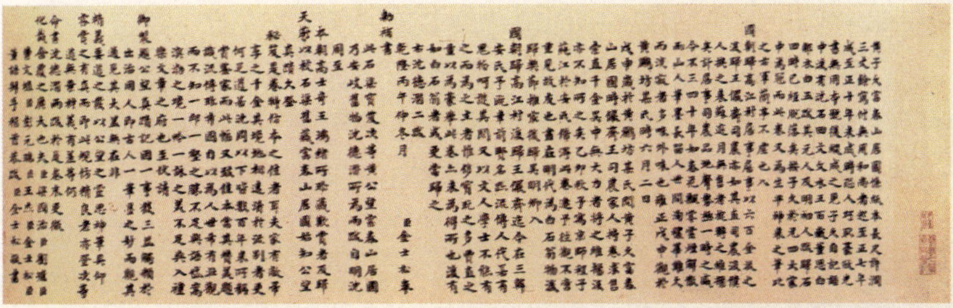

富春山居图（局部） 元 黄公望

富春山居图（局部） 元 黄公望

有《剡溪访戴图》、《九峰雪霁图》、《快雪时晴图》、《富春大岭图》、《丹崖玉树图》、《富春山居图》、《天池石壁图》、《九珠峰翠图》……存世著述有《山水诀》、《论画山水》、《大痴道人集》等。其中《富春山居图》用墨淡雅，山水布置疏密得当，墨色浓淡干湿并用，富于变化，被称为“画中之兰亭”。

《富春山居图》是黄公望的代表作，画家采用一种即兴、自由的方式流露出感情，画上山水不是实景的再现，而是画家心灵和自然合一的形态，意在表达出一种超然脱俗的精神。

《富春山居图》赢得历代画家赞赏的一个重要方面是笔墨技巧。画家用笔如写行草，中锋、侧锋、尖笔、秃笔夹杂混用，笔法轻松洒脱，洋溢着一种豪迈飘逸的气质，笔墨线条呈现出浓厚的抒情意趣，因此《富春山居图》成为元代写意画风的典范之作。

富春山居图（局部） 元 黄公望

富春山居图（局部） 元 黄公望

时间荏苒。300年后，《富春山居图》辗转传到明末收藏家吴洪裕手中。清朝初年，吴洪裕病危，躺在床上、气若游丝的他死死盯着枕边的宝匣，家人明白，老人是要再看一眼那幅心爱的《富春山居图》。家人取出画，展开在他面前，此时，吴洪裕的眼角滚落出两行浑浊的泪，半晌，才吃力地吐出一个字：烧。这幅在吴府里传承了三代人、被吴家老少视为传家之宝的画作，在众目睽睽之下被丢入火中。就在《富春山居图》即将付之一炬之际，其侄猛地把画从火中取出，为掩老人耳目，他又往火中投入了另一幅画，用偷梁换柱的办法，救出了《富春山居图》。画轴中间烧出几个连珠洞，断为一大一小两段，此画起首一段已被完全烧毁，幸存者也是火迹斑斑。被烧后，吴家后人将损卷烧焦部分细心揭下，重新接拼后，几乎看不出剪裁过的痕迹。于是，人们把这部分称作《剩山图》。而为掩盖火烧痕迹，特意将原本位于画尾的董其昌题跋切割下来放在画首，这便是后来乾隆帝得到的《富春山居图·无用师卷》，长高尺寸为636.9厘米×33厘米。原画用了8张画纸拼接而成，烧毁后变为6张半纸。至此，原《富春山居图》被分割成《剩山图》(半张纸)和无用师卷《富春山居图》(6张纸)长短两部分。与此同时，《富春山居图》还有两幅仿本，即藏于北京故宫的沈周临摹本《富春山居图》和藏于台北故宫的子明卷《富春山居图》。

知识加油站

黄公望的《富春山居图》被世人称道，你知道他画中的富春山实景在哪里吗?

富春山位于浙江省桐庐县，是一处山与水完美结合的风景佳处，景色优美。在今浙江桐庐县西，相传汉代严子陵曾耕钓于此，因而闻名,又称“严陵山”。

有问必有答

文中提到黄公望首创浅绛山水。什么是“浅绛山水”呢?

浅绛山水，山水画的一种。在水墨勾勒皴染的基础上，敷设以赭石为主色的淡彩山水画。浅绛山水画法特点是素雅青淡，明快透澈。

拓展训练营

查找相关资料，尝试拼贴《富春山居图》（《剩山图》+《无用师卷》）。

瓷中瑰宝
——元代青花

PART .11

2005年7月12日，在伦敦佳士德“中国陶瓷、工艺精品及外销工艺品”拍卖会上，一件青花器物吸引了全场人的注意力。这件绘有“鬼谷子下山图”的元代青花大罐的拍卖价格，在7、8位竞拍者的加价声中一路飙升，最终以1400万英镑的天价拍出，加上拍卖佣金后为1568.8万英镑，按照当时的汇率，折合人民币近2.3亿。这创下了当时中国艺术品在世界上的最高拍卖纪录。

鬼谷子下山图青花大罐 元

青花缠枝牡丹纹兽耳罐 元

青花缠枝花卉纹罐 元

青花鱼藻莲花纹罐 元

到底是件什么样的作品，竟能拥有如此的身价？

元代“鬼谷子下山图”青花罐，罐高27.5cm，径宽33cm，素底宽圈足，直口短颈，唇口稍厚，溜肩圆腹，肩以下渐广，至腹部下渐收，至底微撇。此罐使用进口钴料绘出的青花纹饰共分四层，第一层颈部：饰水波纹；第二层肩部：饰缠枝牡丹；第三层腹部：为“鬼谷子下山”主题纹饰；第四层下部：为变形莲瓣纹内绘琛宝，俗称“八大码”。主体画面描述了孙膑的师傅鬼谷子在齐国使节苏代的再三请求下，答应下山搭救被燕国所困的齐国名将孙膑和独孤陈的故事。画面上鬼谷子端坐在一虎一豹拉的车中，身体微微前倾，神态自若，超凡如仙，表现出他运筹帷幄之中、决胜千里之外的神态。车前两个步卒手持长矛开道，一位青年将军英姿勃发，纵马而行，手擎战旗，上书“鬼谷”二字，苏代骑马殿后。一行人与山色树石构成了一幅壮观而又优美的山水人物画卷。故事来自于元代版画《乐毅图齐七国春秋后集》。整个青花纹饰呈色浓艳，画面饱满，疏密有致，主次分明，浑然一体。人物刻画流畅自然，神韵十足，山石皴染酣畅淋漓，笔笔精到，十分完美，正如孙瀛洲先生所说的：“元代瓷器‘精者颇精’。”

元青花瓷属于奇货可居。在存世甚少的元青花瓷器中，像“鬼谷子下山图”罐这样绘有人物故事题材的更是凤毛麟角。目前所知的此类存世器物，仅有东京出光美术馆藏“昭君出塞”罐(高28.4cm)、裴格瑟斯基金会藏“三顾茅庐”罐(高27.6cm)、安宅美术馆旧藏“周亚夫屯细柳营”罐(高27.7cm)、美国波士顿馆藏“尉迟恭救主”罐(高27.8cm)、亚洲一私人收藏家藏的“西厢记焚香”罐(高28cm)、万野美术馆藏“百花亭”罐(高26.7cm)，外加中国台湾王定乾先生拍得的元青花“锦香亭”图罐和英国著名古董商埃斯肯纳兹先生拍得的“鬼谷子下山图”罐等等少有的几件，每件都称得上价值连城。

青花花卉缠枝牡丹纹大梅瓶（连盖） 元

青花缠枝牡丹纹大玉壶春瓶 元

知识加油站

你知道吗，文中这件价值连城的“鬼谷子下山图”罐，在很长一段时间里并没有得到应有的重视。瓷罐是20世纪初荷兰人范·赫默特男爵在中国购得。当时正值第一次世界大战，他于1913–1923年期间在荷兰海军服役，被派驻北京担任荷兰使节护卫军司令。赫默特爱好艺术，收藏广泛。他购买这个罐时，元代还未被认定能做出如此精品的瓷器，因此他一直以为此罐是明代作品。

蒙古统治时期，青花瓷件数少，易被人遗忘。西方收藏家一直到1968年克里夫兰美术馆举办蒙古统治下的中国艺术(Chinese Art Under the Mongols)展览后，才开始青睐元代瓷器。从上世纪70年代开始元代青花渐渐受到重视，但没有发现多少堪称传世之作的元代青花。上世纪60年代时瓷罐曾被赫默特的第一代后人拿去估价，但专家也误以为是明代青花瓷。传至第三代时他的家族又让佳士得拍卖行估价，瓷罐的珍贵价值才被发现。有趣的是，该罐在大将军家里，一直未受到重视，多年被放在墙角当做容器，用来盛放杂物等。

有问必有答

青花瓷是一种怎样的瓷器呢？

青花瓷，是中国瓷器的主流品种之一，属釉下彩瓷。它是用含氧化钴的钴矿为原料，在陶瓷坯体上描绘纹饰，再罩上一层透明釉，经高温还原焰一次烧成。钴料烧成后呈蓝色，具有着色力强、发色鲜艳、烧成率高、呈色稳定的特点。

拓展训练营

用来绘制青花的青料分很多种，如回青、平等青、苏麻离青、石子青等等，不同的青料发色各不相同。找一天时间去博物馆，对照青花瓷器实物，试着寻找不同青料之间的细微差别吧！

梵我合一 挥写逸气
——元四家

PART .12

九峰雪霁图 元 黄公望

元四家，是元代四位山水画家黄公望、吴镇、倪瓒、王蒙的总称。他们在创作思想和创作方法上，直接或间接地受到赵孟頫的影响，承袭董源、巨然的山水画传统，集中体现了元代山水画的最高成就。

“元四家”中黄公望（1269—1354）的影响最大，以至明清画坛有“家家大痴，人人一峯”之说。黄公望发展了赵孟頫的水墨画法，并上溯董源、巨然，多用披麻皴，晚年大变其法，自成一家。其作品有浅绛和水墨两种面貌。他的浅绛山水，烟云流润、笔墨秀逸、气势雄浑，其韵致高于赵孟頫。

吴镇（1280－1354），字仲圭，性爱梅花，自称

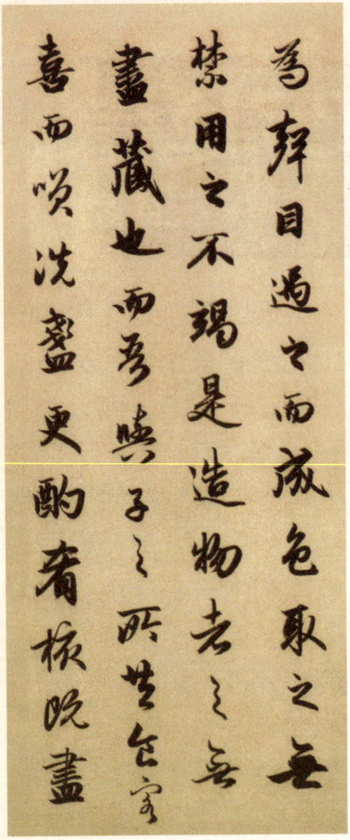

行书（局部）　元　赵孟頫

梅花道人，也自称梅花沙弥和梅花和尚，浙江嘉兴人。明代山水画家恽南田评论吴镇的画曾说：“梅花庵主（吴镇）与一峰老人（黄公望）同学董源、巨然，吴尚沉郁，黄贵简散，两家神趣不同，而各尽其妙。”他的山水画多以“渔隐”、“渔父”为主题，实则象征避世幽居、浪迹江湖的隐士生活，反映其孤高隐逸的思想。

王蒙（1301－1385），字叔明，号香光居士，黄鹤山樵，是赵孟頫的外孙，除受赵孟頫影响外，也曾得到黄公望的指点。他的山水画以水墨为主，间或设色，善用枯笔，创造了“牛毛皴”、“解索皴”等皴法；画面繁复周密，纵逸多姿，笔法苍浑，以各种手法表现江南林木的苍郁茂盛和湿润感。作为元代具有创造性的山水画大师，明清及近代画家几乎都学过他的画。

倪瓒(约1306－1374)，初名埏，字元镇，号云林子、幻霞子、荆蛮民、经锄隐者等，江苏无锡人。其山水画初师董源，后参以荆浩、关全笔法，摹写山石树木又兼师李成，创“折带皴”。倪瓒的作品大多取材于太湖一带的湖山景色，多用水墨枯笔干擦，偶尔设色。他中年之前的创作，浑厚而不失潇洒秀逸；到了晚年，苍劲之中又蕴藉高旷，后人评价其作品有一种萧瑟荒寒之感。

元四家的水墨山水画，标志着成形于北宋的山水画趣味转变的完成。董其昌概括说：“黄、倪、吴、王四大家，皆以董（董源）、巨（巨然）起家成名，至今只行海内。”也就是说，元四家在董源启示下创立的画风，决定了其后山水画的价值取向。山水画的后来者对元四家崇敬有加，就连以狂傲著称的清代大画家石涛谈及黄公望等人，也不得不感叹：“大痴（黄公望）、云林（倪瓒）、黄鹤山樵（王蒙），一度直破古人”。在中国传统文人语汇中，“破古人”是一种高度赞扬，意味着大胆创新。

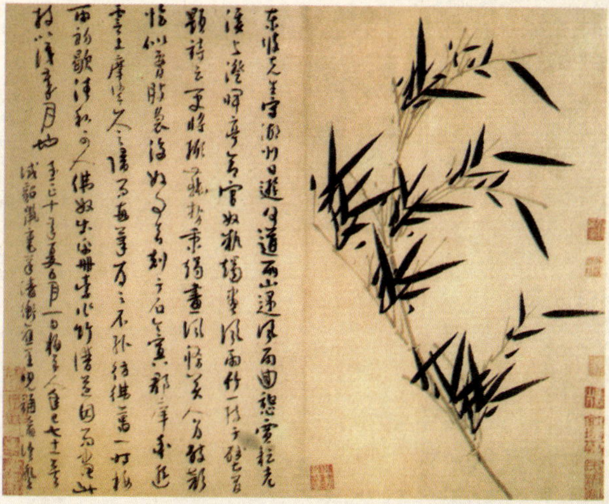

墨竹谱 元 吴镇

元四家不仅因为他们在笔墨技艺上使同行折服，更由于身体力行文人士大夫的理想及其人格魅力而对后世影响深远。元四家为人讲求“清高”，竭力摆脱凡俗事务约束，追求“天理” 和公正，以儒学为本，既学道又参禅，赞赏消极避世的人生观，寻求“超然于物外”，将山水提升到了宗教般的境界。

太白山图 元 王蒙

容膝斋图 元 倪瓒

知识加油站

一句话画评：

黄公望的《富春山居图》——寓自然景物的“性格”于山水意境之中。

王蒙的《青卞隐居图》——于山水画中体悟人的山林逸趣。

倪瓒的《西林禅室图》——用笔似嫩实苍，意境萧散简远。

吴镇的《渔夫图》——出新意于法度之中，寄妙理于豪放之外。

有问必有答

你知道文中所说的披麻皴是怎样的绘画技巧吗？

其状如麻披散而错落交搭，故曰“披麻皴”。此法善于表现江南土山平缓细密的纹理，董源多运短披麻皴，巨然喜用长披麻皴，董、巨所创江南山水画派系即以披麻皴为显著特点之一。

拓展训练营

文中提到了各种皴法，你能按图索骥，将它们的名称和画法一一对应起来吗？

唐宋遗风满壁是

——永乐宫壁画

PART .13

永乐宫，始建于1247年，1358年竣工，历时111年，为纪念八仙之一的吕洞宾而建，是现存最大的元代道教宫观，以建筑和壁画艺术驰名中外。

永乐宫壁画至今保留元代至明初的道教壁画960余平方米，规模宏伟、精美壮丽、灿烂辉煌，堪称世界罕见的艺术瑰宝。壁画分布在龙虎、三清、纯阳、重阳四座殿内。三清、龙虎两殿是以大型道教人物仪式朝拜式出现的。纯阳、重阳两殿则以青绿山水人物、通景连环故事所表现。

永乐宫壁画（局部）　元

在人物形象的塑造上，帝后高贵庄重，玉女温文秀雅，武士英勇果敢，真人翩翩欲仙，在多样的变化中达到和谐统一。他们有的对话，有的倾听，有的顾盼，有的沉思，场面宏伟庄严真切，再加上线条的魅力和色彩的搭配，使我们更有身临其境之感。

墨线是壁画的骨干，永乐宫壁画线条是以铁线描和兰叶描为主，随意而施，颇多变化。它继承并发扬了我国绘画中的“骨法用笔”的优良传统，把中锋线描的丰富表现力充分发挥，达到了

永乐宫壁画（局部） 元

永乐宫壁画（局部） 元

朝元图 扶桑大帝 永乐宫壁画 元

永乐宫壁画 西王母 元

极高的水平。勾线劲健有力而又婉转自如，线条流畅而又严谨含蓄，无论是三米的主像还是精细的装饰品，都画得一丝不苟，笔笔见功。在用色方面，永乐宫壁画成功地运用了传统的重彩勾填法，以石青、石绿为主，并把白色或其他单纯的色调间隔起来，使整个画面显得淳朴浑厚而又富于装饰性。

"钟离权度吕洞宾"是永乐壁画中极为著名的连环画作，不仅画面开阔，景色秀丽，画法洒脱流畅，而且两个主要人物的神态和内心活动刻画得极为传神：师徒侧身对坐，钟离权前胸袒露，开怀畅谈；吕洞宾两目凝视，拱手恭听，外形肃穆而内心正在剧烈活动。最有趣的是吕洞宾左手轻捻右衣袖这一细节描写，生动形象地反映出他此刻内心迷惑不知去处的矛盾心理。

永乐宫壁画动静相宜，刻画入木三分，描写精妙准确，成就了那个时代无法代替的壁画艺术，至今为东西方艺术家所赞赏和膜拜，并因此被誉为"世界超级艺术"。著名戏剧家马少波曾作诗盛赞永乐宫壁画为"永乐三清铁画钩，曹衣吴带兼刚柔。唐宋遗风满壁是，堪称天下第一流。"

知识加油站

永乐宫建筑群和精彩的壁画，其实并非坐落其原址上，而是在几十年前经历了一次“离乡背井”的迁移。

永乐宫原址所在的永乐镇位于芮城西南的黄河北岸。1959年，那里要修建三门峡水库，而永乐宫正好位于计划中的蓄水区，水库建成后它将成为淹没在几十公尺深水之下的“海底龙宫”。

当时，来自全国各地的现代“鲁班”们，仔细研究如何将永乐宫内近1000平方公尺的壁画完好地搬走重建。他们决定先拆几座宫殿的屋顶，再以特殊的人力拉锯法，用锯片极细微地将附有壁画的墙壁逐块锯下。一共锯出了550多块，每一块都标上记号。再以同样的锯法，把牢固地附在墙上的壁画分出来，使之与墙面分离，然后也全部标上记号，放入垫满了厚棉胎的木箱之中。墙壁、壁画薄片和其他构件，用汽车、骡车、马车等交通工具逐步运到中条山麓，先重嵌宫殿，在墙的内壁上新铺上一层木板，再逐片地将壁画贴上，最后由画师将壁画加以仔细修饰。

这项曾经被形容为“神仙也不容易办到”的工程，从1959年开工起，经过了近5年时间终告完成，永乐宫被全部迁移到芮城县城北。重建后，永乐宫壁画上的切缝小得几乎难以辨别，令人难以置信地完美地保留了这群壁画杰作的旷世神韵。

有问必有答

永乐宫壁画在用色技法上使用的是重彩勾填法，那么，什么是“重彩勾填”呢?

所谓重彩勾填就是以墨线为骨干先勾轮廓，然后填彩。所填的色彩一般都较为浓重，利用覆盖能力强的石色，或适当掺和白粉。在染色之前，一般都用赭石色做底，然后再去填色，赭石色在墨和色之间起到了重要的协调作用，画面效果更加厚重，而且呈现出很富丽的感觉。勾填时，为取得明快、富丽、庄重的效果和装饰趣味，要尽量保留墨线的美，不要用颜色掩盖或弄脏墨线。

拓展训练营

同学们可以到永乐宫亲身体会这些壁画的魅力。

东方艺术的一颗明珠

——明式家具

PART .14

黄花梨透雕螭纹玫瑰椅 明

黄花梨浮雕螭纹圈椅 明

明式家具有广、狭二义。广义的明式家具，着重一个“式”字，不管制作于明代或明以后何时，也不论贵重材质和一般材质，只要具有明式家具风格，皆称之“明式家具”。狭义则指明代至清代前期材美工良，造型优美的家具。

明清两代家具的类型和式样，除满足生活起居的需要外，也和建筑有了更紧密的联系。一般厅室、卧室、书斋等都相应地要配置几种常用的家具，从而出现了成套家具的概念。至于封建统治阶级的宫廷和府第，往往把家具作为室内设计的重要组成部分，常常在建造房屋时根据建筑物的进深、开间和使用要求，考虑家具的种类、式样、尺度等进行成套的配置。同时，这时期由于海外交通的发达，东南亚一带的木材，如黄花梨、紫檀、红木等大量输入中国。这些出产于热带的木材具有质地坚硬、强度高、色泽和纹理优美的特点，因而用它们制作家具时，可采用较小的构件断面，制作精密的榫卯，并进行细致的雕饰与线脚加工。在这个物质前提下，再加上当时手工艺的进步，明清两代成为我国古代家具工艺的高峰时期，在造型艺术上有不少新的创造，特别是明代的家具最有特色，被称为“明式”家具。

我们细细分析明式家具，会发现这样几个风格特点：

严格的比例关系是家具造型的基础。其局部与局部的比例、装饰与整体形态的比例，都无可挑剔的匀称协调，呈挺拔秀丽之势。刚柔相济，线条挺而不僵、柔而不弱，表现出简练、质朴、典雅、大方之美。

黑漆嵌螺钿山水纹扶手椅 清

极富有科学性的榫卯结构。不用钉子少用胶，不受自然条件的潮湿或干燥的影响，制作上采用攒边等作法。时至今日，经过几百年的变迁，家具仍然牢固如初，可见明式家具传统榫卯结构有很高的科学性。

多种多样的装饰手法。装饰用材也很广泛，珐琅、螺钿、竹、牙、玉、石等等，样样不拒。但是，绝不贪多堆砌，也不曲意雕琢，而是根据整体要求，作恰如其分的局部装饰，使之既不失朴素与清秀的本色，又适宜得体、锦上添花。

紫檀木梳背式扶手椅 清

明式家具的结构与装饰常常形成高度的一致性。牙头、牙条、券口、花饰和雕镂并非纯粹的附加物，而是与家具整体融汇，成为结构中不可或缺的组成部分。例如在横竖木支架交角处，就运用多种牙头牙条，如替木牙子、托角牙子、云拱牙子、云头牙子、坐角牙子、马背牙子、棂隔牙子、悬鱼牙子以及吊挂楣子、镂空楣子等。这些极富装饰意味的牙子、楣子不仅起到了装饰美化的作用，而且在结构上也起到了支撑重量、强化牢固的功效。

紫檀喷面式方桌 明

黄花梨带门围架子床 明

黑漆嵌螺钿罗汉床 明

知识加油站

纽约克里斯蒂1996年秋举办首次中国古典家具拍卖会，世界各地收藏家三百余人亲临现场，107件拍品无一流拍，价位最高的一件清代黄花梨大座屏以100万美元被美国一家博物馆购藏，这是标志着中国古典家具跻身于世界级重要拍卖品行列的一次拍卖。2002年9月，纽约克里斯蒂为拥有全球最多明式家具的香港藏家叶承耀先生再推“明式家具专场”，成交40件拍品，总额达2262万港币，其中成交价前三位——黄花梨三屏风独板龙纹围子罗汉床、黄花梨灵芝纹衣架、黄花梨两卷角牙琴桌，分别高达273.3万港币、230.5万港币和196.2万港币，明式家具在西方收藏界的地位由此可见一斑。

有问必有答

明式家具多采用榫卯结构，你知道什么是“榫卯”吗?

榫卯，读作sǔn mǎo，是在两个木构件上所采用的一种凹凸结合的连接方式。凸出部分叫榫（或榫头），凹进部分叫卯（或榫眼、榫槽），这是我国古代建筑、家具及其他木制器械的主要结构方式。

拓展训练营

现代家居装饰中，“新中式风格”受到许多人的青睐。你能在这种家居装饰风格中，找到明式家具的影子吗?

心运其灵 手熟其巧
——景泰蓝

PART .15

景泰蓝，是明代著名的一种金属工艺。景泰蓝的正式名称为“铜胎掐丝珐琅”，俗称“珐蓝”，是一种在金属表面用釉料进行豪华装饰的特殊的、高级珐琅器工艺品。按我国传统的说法是：将附着在陶或瓷胎上的玻璃质材料叫做“釉”；用于建筑瓦件之上的称“琉璃”；而覆盖于金属制品表面的玻璃质材料，则称为珐琅。

掐丝珐琅象耳炉 元末

关于景泰蓝的历史，有人认为是明代从阿拉伯国家传入的。但历史文物为我们提供了不少资料，如春秋时期越王勾践的宝剑，柄上就嵌有珐琅釉料；日本正仓院收藏的唐代铜镜，镜背花纹就涂饰有各色珐琅；这些资料都反映出我国在金属工艺中运用珐琅的历史是悠久的。只是由于各种原因，这种工艺未能继续发展，到了明朝，才逐渐繁荣。除了万历以外，各代几乎都有生产，尤以景泰年间制作最精，最为著名。

金银琉璃珐琅器 明中期

景泰蓝的艺术特色分为以下几点：

从造型上看，它端庄、朴实、粗犷、豪放。到了清朝，造型变得

珐琅彩花卉纹瓷瓶 清

画珐琅牡丹纹鼻烟壶 清

画珐琅葫芦式瓶 清

清秀、优雅，器皿的类型比明代也更加丰富。景泰蓝的立体造型大致可分为四种类型：一是器皿造型，二是錾雕造型，三是动物、植物造型，四是结合产品造型。

明清时期景泰蓝工艺技术相当成熟，除品种造型多样外，还能制造比较大型的制品。清乾隆时期不仅制造了近两米高的大型法器，还制作了约三米高的大佛塔。在丝工方面，明代的金属丝比较粗，宽窄不均。清代的金属丝显得更为细匀。这是由于采用了不同的原料、不同的技术而形成的。清代采用纯铜拔丝技术，将纯铜切割成细条，细铜条穿过铜板上缀成的小孔，拉拔成均匀的细丝。

在题材方面，明清景泰蓝内容比较广泛。例如，缠枝莲图案是以饱满盛开的花为纹样，花头综合了莲花、牡丹花、菊花的特点，四周环绕枝叶，有梗有叶，繁简得当。到清朝后期，八国联军入侵北京，海禁大开，图案装饰多以折枝花卉为主，亦有表现整株的花卉及花鸟鱼虫，花朵和花叶的翻卷转折层次较多，注重色彩的晕色效果，具有浓厚的西方韵味。

一件精美的景泰蓝制品，可用“形、纹、色、光”四个字来概括。首先要有良好的造型，良好的造型取决于制胎；还要有优美的装饰花纹，

画珐琅法轮 清

这产生于掐丝；华丽的色彩决定于釉料的配制；辉煌的光泽完成于打磨和镀金。这才使景泰蓝继承并汲取了青铜艺术、金银错镶嵌艺术、陶瓷艺术、织锦刺绣艺术的精华，最终构成了绚丽多彩、富有民族气息的艺术风格。

掐丝珐琅凫尊 清

画珐琅提梁壶 清

知识加油站

一件精美的景泰蓝器物，一般要经过7个步骤才能制作完成，分别是：

1.制胎。用红铜板制作各种器形。

2.掐丝。将压扁的铜丝依据装饰花纹粘在铜胎上。

3.烧焊。使铜丝和铜胎焊接牢结。

4.点蓝。用小铁铲（俗称蓝枪）或玻璃管将各色釉料填入花纹轮廓中。

5.烧蓝。进行烧制。

6.磨光。将蓝料和铜丝打磨平整。

7.镀金。避免生锈并增加光泽。

有问必有答

你知道景泰蓝名称的来历吗？

关于景泰蓝的名称，通常被解释为：由于它起源或发展于景泰年间，釉料多为蓝色，故此得名。实际上，景泰蓝一词是在辛亥革命前后才被采用的。而且，蓝字也并非专指蓝色，正如现在该行业仍称点蓝、烧蓝一样，应是发蓝一次的简称。

拓展训练营

在平时的日常生活中，你都见过哪些景泰蓝工艺品？下次去博物馆或工艺品商店时，你能够辨认出哪些物品是景泰蓝吗？

故事链接

民间传说，元朝初年，皇宫失火，金銮殿与众奇珍异宝烧成了一片灰烬。但废墟中多出了一件色彩斑斓、晶莹闪耀的宝瓶。群臣惊讶，献给皇帝，说是上天所赐。皇上得到此物爱不释手，当即传下一道圣旨，调集京城所有能工巧匠，限期三月仿造，如若不然，全部杀头。圣旨一下，可忙坏了京城里九九八十一家手工坊的工匠们。大家百思不得其解，不能参透这上天所赐的工艺。最后只能求助于京城第一名匠“巧手李”，传说他是女娲后人，因其善做奇巧工艺，才被人们誉为“巧手李”。不久，“巧手李”称女娲娘娘身披霞衣、脚踏祥云给其托梦云：“宝瓶如花放光彩，全凭巧手把花栽，不得白芨花不开，不经八卦蝶难来，不受水浸石磨苦，哪能留得春常在。”“巧手李”参透此梦，原来皇宫大火，金銮殿里宝石金银烧熔在一起形成此瓶。于是众工匠用白芨来粘接胎上的金丝，然后入炉烧制，又经细细琢磨终于将宝瓶烧制成功。皇帝下圣旨，不论制作多少宝瓶，均归皇宫所有，因为这种珍品是皇宫里一场大火烧出来的，于是人们都称其为“奇宝烧”。因为常人没有资格拥有“奇宝烧”，所以这种艺术成为了宫廷艺术。到了明景泰年间，工艺水平达到顶峰。由于产品大多以孔雀蓝为主，所以人们就把这种工艺品叫做景泰蓝，这个称呼后来就一直沿用至今。

博采众家吴门开

——明四家

PART .16

庐山高图 明 沈周

明代中期，随着地方商品经济的发展，江州成为江南富庶的大都市，一时人文荟萃，名家辈出，文人墨客经常雅集宴饮，诗文唱和、以画自娱。他们继承“士气”、“逸格”的元人绘画传统，发展了崇尚笔墨的文人意趣。其间以沈周、文徵明、唐寅、仇英最负盛名，画史称为“吴门四家”。在这四人当中，沈周、文徵明堪称吴门派画风的代表。他们两人都淡于仕途，属于诗、书、画三绝的当地名士。唐寅对山水、人物更为擅长。仇英则以工笔人物、青绿山水见称。四人各有所长，先后齐名。

沈周（1427–1509），字启南，号石田、白石翁。沈周一生家居读书，吟诗作画，优游林泉，追求精神上的自由，蔑视恶浊的政治现实，一生未应科举，始终从事书画创作。他学识渊博，富于收藏，交游甚广，极受众望。文徵明因此称他为飘然世外的“神仙中人”。40岁以前多画小幅，用笔细密，多盈尺小景，图写江南风物，世称“细沈”；后期喜画大幅，笔墨苍劲，长林巨壑，一气呵成，世称“粗沈”，41岁所作《庐山高图》为其大幅代表作。

文徵明(1470—1559)，名壁，号衡山，是“吴派”的中坚。其父与沈周是朋友，他本人是沈周的学生，一生过着舒适的士大夫生活，才华横溢。54岁时被荐举为翰林待诏，所以世人也称他为“文待诏”。居官4年后辞归。自此后，他专心致力于书画创作，其诗书文画无一不精。书法上，诸体皆佳，尤精小楷，80多岁时还能用蝇头小楷在画上题跋。绘画上，他善画兰、竹、菊、水仙，其中尤其以兰花作为自己的所爱，兰叶纷披繁密，配以古木、坡石、流水，有时还绘上禽鸟，独树一帜。后人曾评价说：“以风意写兰，以雨意写竹。”

桃源仙境图 明 仇英

真赏斋图一 明 文徵明

真赏斋图二 明 文徵明

唐寅（1470－1523），字子畏，一字伯虎，号六如居士。出身商人家庭，30岁入京会试，受考场舞弊案牵连，被斥为吏，一怒之下，唐寅绝意进取，改以卖画为生。唐寅的人物画中仕女图独具一格，早年工笔艳丽，后期则水墨写意，题材多取自世俗生活。唐寅绘画的艺术特色，既与沈、文、仇三家有共通之处，又融合南北两宗之长，诗、书、画三艺结合，重视笔情墨趣，题材寓有较强思想性，构思切题又精巧，不落俗套。

仇英（1498－1552），字实父，号十洲。早年为漆工，聪明过人，年轻时即因善画而为文徵明、唐寅所器重。后专事绘画。其人物画造型准确，线条流畅，他临摹唐宋名家的画作几可乱真。仇英善画人物，他笔下的仕女细眉樱唇，削肩纤身，体态柔弱，多愁善感，既不同于唐代画作中仕女的丰腴，也显别于宋画仕女的娟秀，独具风格，自成一家。他的水墨人物画，偏于边角构图，人物居于边角，背景配以江南山水，画卷中流溢着书卷之气。然而，与其他三家相比，仇英的文学和书法根基较弱，因此，他的画往往只落名款而不题诗。但这并不妨碍世人对其画艺的肯定。因为他的画作雅俗共赏，他也成为了吴门四家中最受市场欢迎的一位画家。

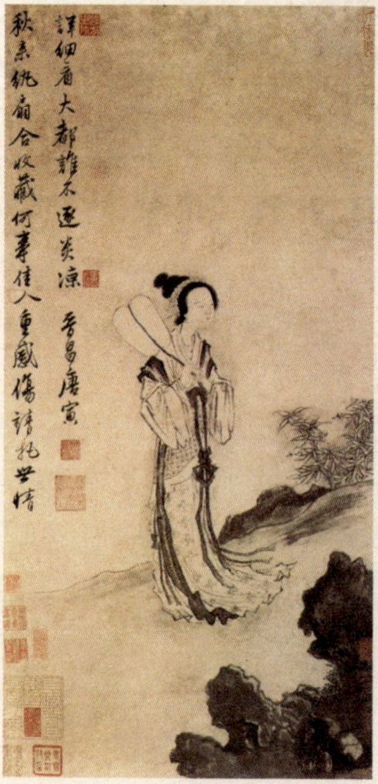

秋风纨扇图 明 唐寅

王蜀宫妓图 明 唐寅

知识加油站

2007年中国嘉德觅到了仇英的精心之作《赤壁图》，这件作品曾被康熙第三个儿子及乾隆皇帝收藏，至辛亥革命后，溥仪携带出宫而流落民间达80余年，属于国宝级的珍品，此件国宝经各路机构和大藏家的激烈争夺，以7952万元的天价成交，创中国古代书画的拍卖纪录。

从明四家的市场行情看，仇英的作品无疑是最高的，即使这次他的《赤壁图》在嘉德创中国古字画的天价，但平心而论，这张画在仇英作品中只是中等偏上的水准。试想，若是有更精美的仇英绘画作品亮相拍场，恐怕会制造上亿元的纪录。其他沈周、文征明、唐寅三位价格处于同一档次，价格不相上下。由于宋元作品在民间凤毛麟角，明四家的作品将是未来海内外大藏家和大机构寻觅的重点，后市迭创新高势在必然。

有问必有答

文中提到唐寅的“水墨写意”，你知道什么是“写意”吗?

所谓写意，指的是国画的一种画法，用笔不讲究工细，通过简练放纵的笔法着重表现描绘对象的意态风神，是一种形简而意丰的表现手法。多画在生宣上，纵笔挥洒，墨彩飞扬，较工笔画更能体现所描绘景物的神韵，也更能直接地抒发作者的感情。

拓展训练营

据说，“明四家”都是有故事的人，他们习画、练字时的种种小故事，或许会对今天的你有所启发，不妨找来读读看。

故事链接

相传唐伯虎的老师沈石田是祝枝山为他找的。唐伯虎幼年家境不好，父亲在苏州开酒店谋生。酒店收拾得干净整洁，常有文人墨客来饮酒吟诗。

唐寅自幼喜欢画画，到13岁时，父亲就让他在店中帮忙干活，不再上学，画出得意的画就贴在店墙上。

一次，才子祝枝山来到酒店喝酒，很喜欢墙上的画，就问老板画是由谁画的。老板回答说是儿子画的。祝枝山很惊讶地要求见见孩子。在得知了唐寅的家境贫寒之后便决定帮助他找一位丹青妙手来教他画画。不久，祝枝山带着画师沈石田来到了酒店。

沈石田也很欣赏唐寅的画，但想考考他才气如何，就为他出了一个字谜："去掉左边是树，去掉右边是树，去掉中间是树，去掉两边是树，这是什么字？"唐寅略一思考就说出了谜底是个"彬"字。沈石田很高兴，就收下了唐寅。既有名师指点，又不乏自己的努力，最终成就了被世人推崇的大画家唐寅。

PART .17

快意诗、书、画

——徐渭和《墨葡萄图》

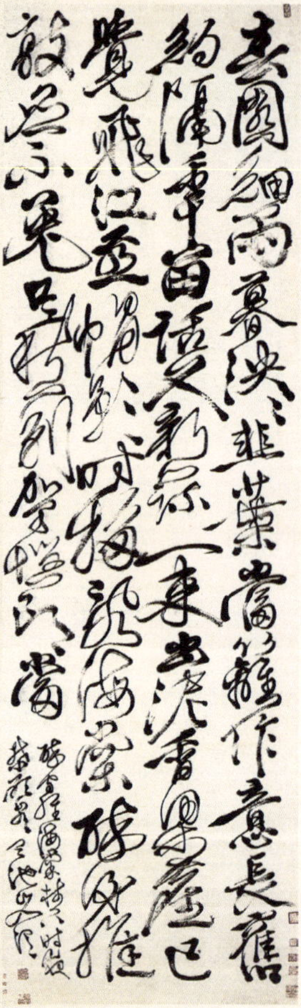

七言律诗 明 徐渭

他，才华横溢让众多文人甘拜下风；他，一生忠君爱国最后却锒铛入狱；他，落魄人间却换得笔墨书香里的千秋万代。他的诗，袁中郎尊之为明代第一；他的戏剧，受到汤显祖的极力推崇；至于绘画，他更是我国艺术史上成就最为特殊的人物之一，他就是徐渭。

徐渭（1521—1593），字文清，后更字文长，号天池，晚又号青藤道人、田水月等，浙江山阴人。他中年学画，继承梁楷减笔和林良、沈周等写意花卉的画法，兼收各家之长而不为所限，大胆变革，极具创造力。他的写意画，皆一挥而就，一切尽在似与不似之间。运用勾、点、泼、皴等多种笔墨形态，将牡丹之雍容、紫薇之隽秀、竹子之萧疏、霜菊之孤傲、寒梅之挺洁的神韵刻画得入木三分，充溢在画面中的纵横之气和豪放境界更是前所未有。虽然被徐渭自称“戏抹”，然而在写意中仍生动地传达出了花果的不同秉性和生韵。其山水画，纵横不拘绳墨，其人物画笔法更趋奔放、简练，干笔、湿笔、破笔兼用，风格清新，恣情汪洋，自成一家，后世追随者众，形成“青藤画派”。

后人将他与画家陈淳并称为“青藤白阳”。

《墨葡萄图》作为绘画史上杰出的佳作，充分代表了徐渭作品的特色。画家以豪放泼辣的水墨技巧造成动人的气势和葡萄晶莹欲滴的效果。干墨湿墨并用，枝桠的遒劲感跃然纸上；重墨淡墨并用，墨葡萄粒粒饱满跳脱出来。寥寥几笔，浑然天成地传达出物象的神韵。该画的左上角有徐渭自题诗曰：“半生落魄已成翁，独立书斋啸晚风。笔底明珠无处卖，闲抛闲掷野藤中。”诗意、书法与酣畅的画意相得益彰。

除了《墨葡萄图》，南京博物院收藏的徐渭《杂花图》长卷，也是其极具代表意义的作品。此卷共画有牡丹、石榴、荷花、梧桐、菊花、南瓜、扁豆、紫薇、葡萄、芭蕉、梅花、水仙和竹13种，水墨淋漓、恣意汪

国色天香 明 徐渭

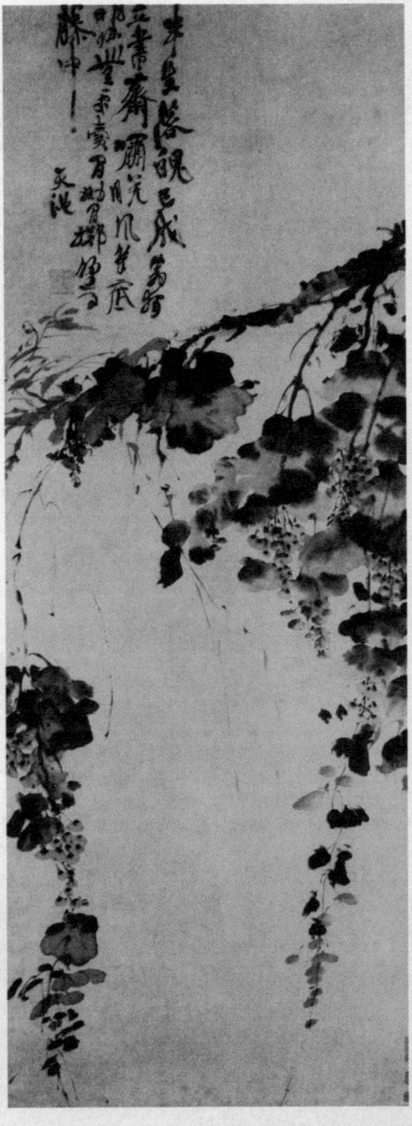

墨葡萄图 明 徐渭

洋，干湿浓淡、浑然天成。

徐渭的绘画在内容上具有强烈的主观感情色彩，开创了近代大写意的这一体派。他的画风，对清代的朱耷、石涛及后来的吴昌硕、齐白石等都产生了深远影响。清代郑板桥曾以五百金换徐渭石榴一枝，并愿作“青藤门下走狗”。画家齐白石甚至“恨不生三百年前”，为青藤“磨墨理纸”。

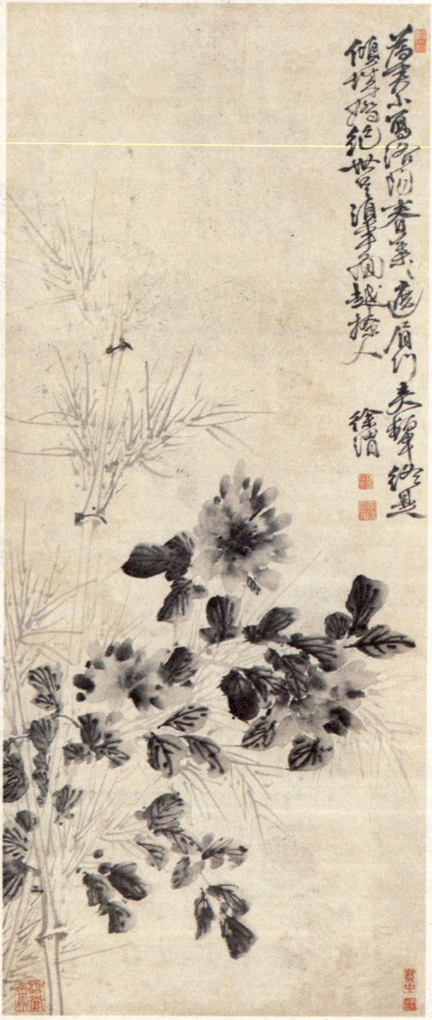

富贵平安图 明 徐渭

蟹荷花 明 徐渭

知识加油站

后人曾作一首“十字歌”来总结徐渭的一生：“一生坎坷，二兄早亡，三次结婚，四处帮闲，五车学富，六亲皆散，七年冤狱，八试不售，九番自杀，实(十)堪嗟叹！”足见其一生的坎坷曲折。

有问必有答

“青藤白阳”这个名字煞有一番味道，他们是怎么被联系在一起的呢?

“青藤白阳”指的是明代水墨大写意花鸟画的代表画家徐渭（自号“青藤居士”）和陈淳（自号“白阳山人”），被后人合誉为“青藤白阳”。在“吴门画派”兴复文人画的风潮影响下，随着思想家强调发挥主观能动的“心学”兴起，明代中期的绘画变得更有生气，在技法上也有许多突破，表现于花鸟画创作上，水墨写意的大家应运而生，他们就是“青藤白阳”——徐渭和陈淳。

拓展训练营

徐渭一生傲视权贵，结交布衣之士，从而产生了好多有趣的故事，你都知道哪些呢?

丹青有神
——陈洪绶

PART .18

荷花鸳鸯图 明 陈洪绶

陈洪绶（1599—1652）明末清初书画家、诗人。字章侯，幼名莲子，一名胥岸；号老莲，别号小净名、晚号老迟、悔迟，又号悔僧、云门僧。汉族，浙江诸暨市枫桥镇陈家村人。陈洪绶擅长人物、花鸟、山水，其中人物画对后世影响最大。在仕途上陈洪绶补生员后，屡试不中，便到北京捐为国子监生。在绘画上，他却“艺日精而名日盛”。崇祯年间，被召入宫，任舍人，临摹历代帝王像，因而得以饱览宫廷名画。之后看到明朝政治腐败，于明亡的前一年，毅然离京，返回故乡。明亡后，一度削发为僧，避乱于云门寺。迫于生计，曾在绍兴杭州卖画糊口，这也是他一生创作的鼎盛时期。

陈洪绶所绘的《离骚》、《九歌》、《水浒叶子》、《西厢记》、《博古叶子》等绣像插图，均由名工镌刻成版画，付梓刊行。其中，《水浒叶子》是陈洪绶28岁时，花费4个月所作的一组版画精品。陈洪绶在这套《水浒叶子》中，栩栩如生地刻画了从宋江至徐宁共40位水浒英雄人物。陈洪绶大量运用锐利的方笔直拐，线条的转折与变化十分强烈，能恰到好处地顺应衣纹的走向，交代人物的动势。这套图一出世，不仅民间争相购买而且博得了一班文人画友的交口称赞，对中国版画艺术的发展具有重要意义。陈洪绶所画花鸟亦有其独特风貌，注重造型，运笔圆润，赋色古雅，曲尽花鸟虫草之生趣。他的花鸟画法主要分为两种：一种由宋代画院工笔重彩发展而来，勾勒精细，设色浓丽；一种则受晚明大写意花鸟画的影响，渗以水墨，用笔灵动洒脱，工笔与写意兼融。《苏李泣别图》源自汉史中苏武与李陵的故事。苏武出使匈奴后，匈奴王令李陵前去劝降，但遭苏武拒绝，李陵只得与其洒泪而别。画面中苏武虽衣衫褴褛，但仍不失汉室气节。李陵身着胡月艮，佩胡刀，掩面而泣，仆从持匈奴旌旄。陈洪绶画此画时，

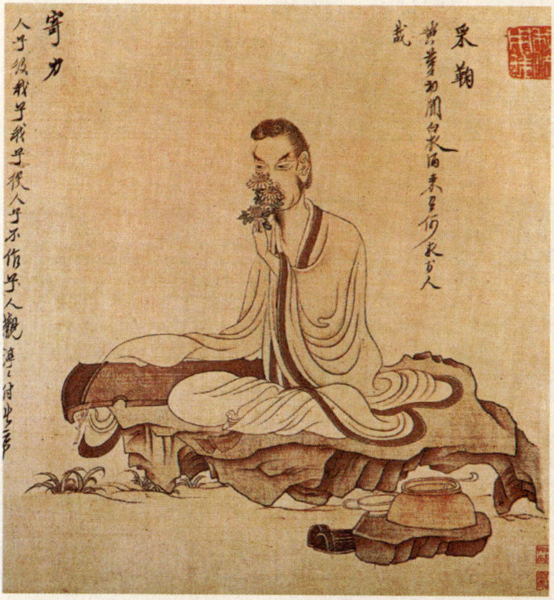

陶渊明采菊 明 陈洪绶

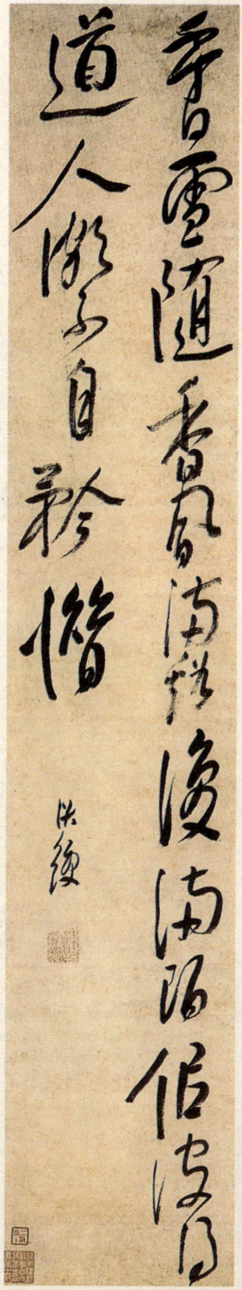

五言绝句 明 陈洪绶

麻姑献寿图 明 陈洪绶

正值清军据浙东前夕，他以清朝服饰代胡服，借古寓今，爱国之意，溢于画端。

陈洪绶一生虽穷困潦倒，但对金钱看得很轻，对豪强权贵"虽千金不为动笔"。但无论对于小夫稚子，还是歌妓老卒，他都乐于作画相送。"何不当退转，笔底见金身。"此乃《宝纶堂集》收录的陈洪绶诗句。诗如其人，画如其人，斯言永存！

知识加油站

我们知道，陈洪绶的作品中经常工笔与写意兼融。那么，工笔和写意的区别你能分清楚吗?

工笔，顾名思义就是用工整、严谨的技法来描绘对象。工笔分为白描和重彩两种。工笔画比写意画更加注重经营位置，工笔画做工精美，用笔工整，作画步骤清晰。工笔画多以仕女，花鸟为主。例如唐寅的《王蜀宫妓图》是工笔画的代表。

写意是相对于工笔来说的。写意注重用笔，在笔法的运用上，较丰富一些，笔墨中表达作者的情感，一气呵成。比较注重“写”的痕迹和意境。例如齐白石的《虾》就是写意画的代表作。

有问必有答

文中提到，陈洪绶“补生员”。那么，什么是“补生员”呢?

原来，明、清时期，经本省各级考试入府、州、县学者，通名生员，习称秀才，亦称诸生。生员常受本地教官（即教授、学正、教谕、训导等）及学政（明为学道）监督考核。生员的名目分廪膳生、增广生、附生。初入学为附学生员，廪、增有定额，跟据岁考、科试成绩递补，就叫做“补生员”。

拓展训练营

画家的艺术创作往往都打着他所处时代的烙印，能不能结合你所了解的历史知识，试着分析一下陈洪绶所处的时代背景对他的艺术创作有怎样的影响?

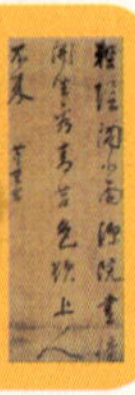

PART .19

文人画的归宗复祖

——董其昌和“南北宗”论

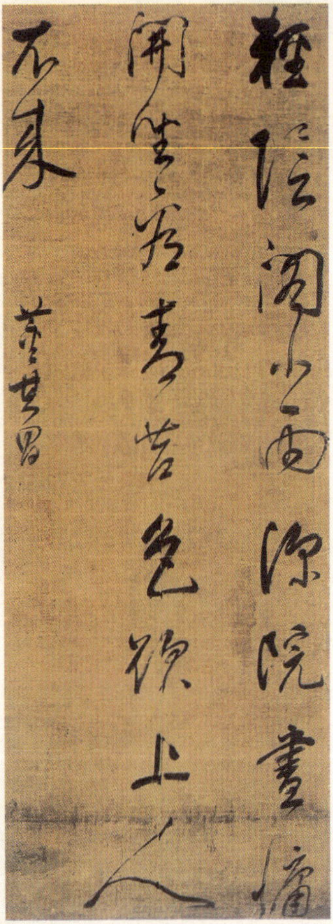

五言诗 明 董其昌

“读万卷书，行万里路。”董其昌的这一名句几乎可以说是影响了每一个读书人。

董其昌，字玄宰，号思白，又号香光居士，华亭(上海松江)人，35岁得中进士，步入仕途，历四朝，其间政治风云诡谲，但他对政治极为敏感，一待风波骤起就辞官归乡，因此仕途春风得意，直到80岁时在太子太保的高位退休。董其昌既是画家、书法家，又是美术评论家，他竭力推崇和提倡文人画的“士气”，著作有《容台集》、《容台别集》、《画禅室随笔》等。他本人还是一个很有名的收藏家，他所收藏到的古代艺术精品超过了任何同时代的人。仕宦高官、艺术大师、鉴赏名家这三重身份，使得董其昌的声誉在当世无人能与之比肩。

董其昌在绘画上取法“元四家”，又上探宋元诸家之秘，将古人的结构技法加以归纳融化，使画面的疏密、开合、虚实等组织形式程式化。他特别讲求用墨的技巧，水墨画兼擅泼墨、惜墨的手法，浓淡、干湿自然合拍，着墨不多，却韵味无穷。董其昌的设色山水，或用杨升没骨法，用彩笔代替墨笔，完成线条、轮廓，勾、勒、皴、擦，尽态极妍，不为刻画；或仿黄公望的浅绛法，参以赵大年、赵孟頫的青绿法，层次分明，淡雅清新。他兼长书法、诗文，每每绘完山水，题以诗文，全图诗、书、画相映成趣，和谐一致，更富有抒情意境。董氏的创作成为文人画追求意境的典范。

林和靖诗意图 明 董其昌

董其昌在画史上的主要贡献还是他的“南北宗”说。“北宗”指唐代李思训父子的着色勾勒山水，流传为宋代的荆浩、关仝、赵斡、赵伯驹、赵伯骕，以至马远、夏圭；“南宗”指自唐代王维的水墨渲染始，流传为董源、巨然、郭忠恕，以至“元四家”。董其昌崇南贬北，于是文人画的南宗成为正宗。

董其昌走上书法艺术的道路，出于一个非常偶然的机会。这在他的《画禅室随笔》有所记述，其中还自述学书经过：他在17岁时参加会考，松江知府衷贞吉在批阅考卷时，本可因董其昌的文才而将他名列第一，但嫌其考卷上字写得太差，遂将第一改为第二，同时将字写得较好些的董其昌堂侄董源正拔为第一。这件事极大地刺激了董其昌，自此钻研书法。

最终，深厚的学养、精湛的书画技艺、独到的鉴赏眼光使董其昌成为了书画理论大家。他的《画禅室随笔》、《容台集》等都是这方面的传世佳作。他对书法的评价直接影响到了后人对书法史的认识，他曾言称：“晋人书取韵，唐人书取法，宋人书取意。”第一次以韵、法、意三个概念来界定晋、唐、宋三代书法，这一观点被后人沿用至今。

江南雨后 明 董其昌

山水图卷 明 董其昌

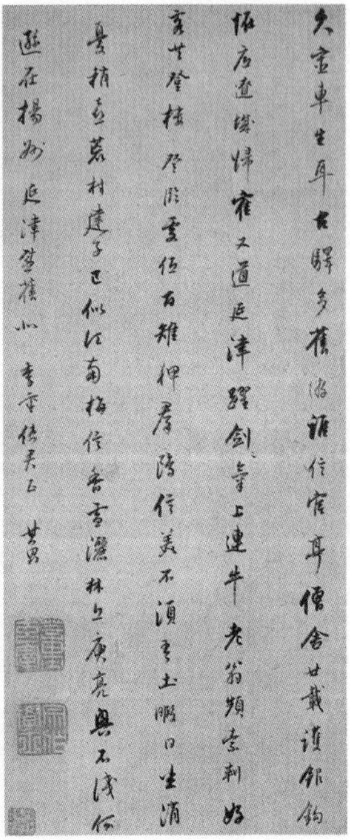

延津感旧词 明 董其昌

知识加油站

说董其昌是一个收藏家，这可不是杜撰，看看他的收藏就足以羡煞你我。

董其昌精收藏，曾珍藏董源4幅山水《潇湘图》、《溪山行旅图》、《龙宿郊民图》、《夏山图》，并以“四源堂”命斋。还有李思训《蜀江图》、《秋江待渡图》，巨然《山水图》，范宽《雪山图》、《辋川山居图》，李成《着色山图》，郭忠恕《辋川山居图》，江贯道《江居图》，赵大年《夏山图》，赵子昂《洞庭二图》、《高山流水图》，王蒙《秋山图》，《宋人册页》等18幅。从中可以看出，董其昌的收藏足以令其傲视当代。

有问必有答

你知道什么是“没骨法”吗?

文中所说的“没骨法”是绘画术语。国画中，直接用色彩作画，不用墨笔立骨的技法叫做“没骨法”。“没骨法”画法分“山水没骨”和“花鸟没骨”两种，“山水没骨”最初相传由南朝张僧繇创始，而“没骨花鸟”传为北宋徐崇嗣创始，真正实用始于清恽寿平。这种画法打破了前代习用的“勾花点叶”法，以彩笔取代墨笔，直接挥毫，从而产生了一种全新的时代风格。

拓展训练营

文中提到的“南北宗”各自有其艺术创作上的领军人物，能否多找几幅他们的画作来仔细研读？相信你会从中清晰地感受到南宗、北宗迥然有异的风格特征。

清初第一写家
——傅山

PART .20

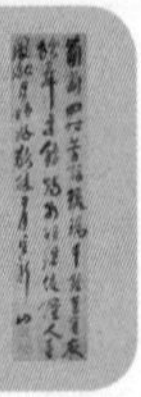

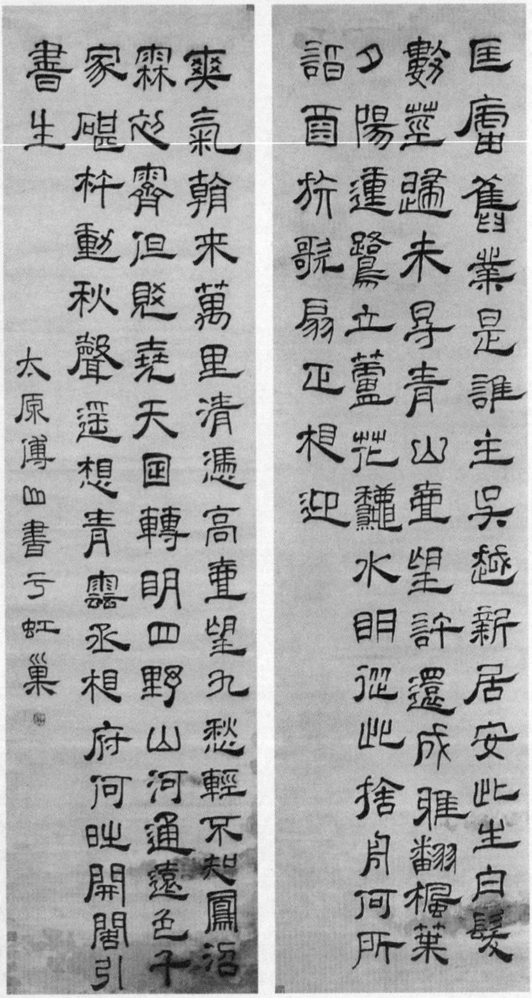

七言律诗（局部） 清 傅山

崇祯年间曾有一介布衣，发动诸生数十人上书，为山西提学袁氏讼冤，并勇挫阉宦权奸，使袁氏冤屈得以昭雪，他也得以名震朝野。明亡后，他又与顾炎武等人秘密从事反清活动，并曾被捕，在狱中“抗词不屈，绝食数日，几死”。清初，康熙帝为笼络人心，泯除亡明遗老的反清意识，便颁诏天下，令三品以上官员推荐“学行兼优、文词卓越”之人，当时已72岁的他被推荐上朝应试，但他托病推辞，阳曲知县戴梦熊竟然命人强行将其挟往北京，至都门外30里，他抵死不入京城。至北京后，他继续称病，卧床不起，拒绝参加考试，康熙皇帝面对这样的傲慢无礼之举并不恼怒，反而表示要“优礼处士”，恩准免试，授封其“内阁中书”之职，他在皇帝面前既不谢恩亦不接职，其性情气节可见一斑，他就是我国历史上一流的思想家、学者、书画家、医学家，是中国思想文化史上具有重要地位和深远影响的人物——傅山。

傅山（1607–1684），原名鼎臣，字青竹，后改名山，字青主，又号真山、桥黄老人、朱衣道人等。山西太原府（今太原市）阳曲县西村人。傅山一生博通经史、诸子、释老之学，对《老子》、《荀子》、《管子》、《淮南子》等先秦诸子文集广泛深人研究，成为清以后研究诸子的开山鼻祖。

在学术思想上，傅山追求当时的进步思潮，带有鲜明的民主和进步倾向。他精研医术，被世人尊称为“神医”、“仙医”。其诗词，远接李杜遗韵，又师法天然，妙趣横生；其画作，虚实错落，简练爽利，彰显傲世风骨。而其流布最广的书法作品则古拙中蕴含刚劲，飘逸之中透漏锋芒。日本著名书法大师、篆刻巨匠梅舒适先生称赞傅山书法“浑天下第一矣”。

傅山书法传统功基甚厚，八九岁时即从钟繇入手，继而学王羲之、颜真

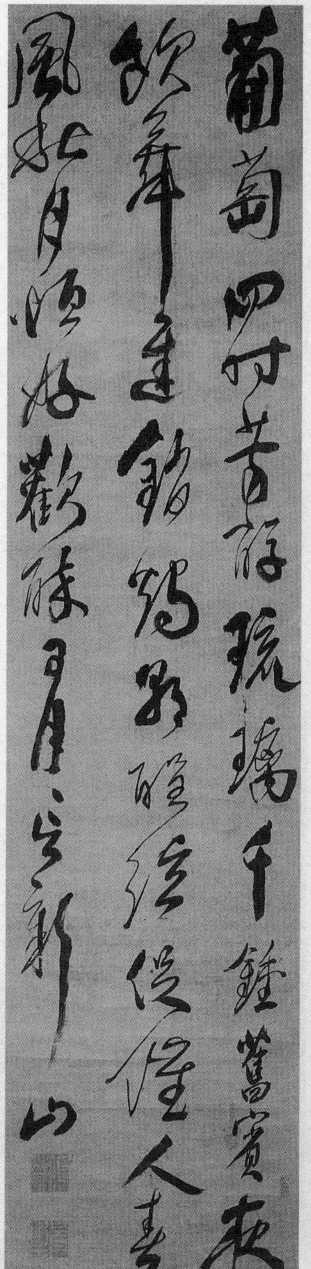

六言诗 清 傅山

卿，至20岁左右，已“于先世所传晋唐楷书无所不临”。他的小楷《千字文》直追钟王，朴实古拙，顾炎武赞其“萧然物外，自得天机”。正如他做人讲气节一样，他写字为文尤其重视“作字先做人，人奇字自古”。他认为用笔在心，“心正则笔正”，“一旦大节有亏，则笔墨不足补其缺”。他的笔下渗透着一股孤高品格和崇高气节，流溢着爱国主义的气息，他的艺术主张堪为后人效法，他的书法也备受时人珍视，博得后人的高度赞赏，因此，他被尊为“清初第一写家”。

面对明代书法家董其昌对赵孟頫的字推崇备至的态度，傅山对赵孟頫、董其昌等人的柔媚书风加以贬斥，提出“宁拙毋巧，宁丑毋媚，宁支离毋轻滑，宁真率毋安排”这一标新立异的书法审美理论主张，表现了明朝遗民对当时政治的不满，反映了一种反叛传统的创造意识。这种艺术主张在当时书画界引起了强烈的反响，300多年来也一直备受推崇。

傅山纪念馆

知识加油站

傅山的小楷《千字文》备受推崇。那《千字文》究竟是一篇怎样的文章呢？据说，《千字文》是南朝梁的梁武帝为其公主练习书法，而委托周兴嗣创作的。《千字文》是由“天地玄黄”到“焉哉乎也”，总共250个隔句押韵的四字短句构成，内容包含天文、地理、政治、经济、社会、历史、伦理，整篇文章一字都不重复。

在古代，《千字文》作为儿童习字的启蒙读物，和《三字经》、《百家姓》合称“三百千”。

有问必有答

文中提到康熙皇帝“优礼处士”，“处士”指的是什么人，你知道吗?

处士，古时候称有德才而隐居不愿做官的人。男子隐居不出仕，讨厌官场的污浊，这是德行很高的人方能做得出的选择。《史记·殷本纪》：“或曰，伊尹处士，汤使人聘迎之，五反然后肯往从汤，言素王及九主之事。汤举任以国政。”后来泛指没有做过官的读书人。

拓展训练营

同学们，你能查阅到《千字文》的全文吗？尝试读读吧，你会受益匪浅的。

PART .21

墨点无多泪点多

——八大山人

八大山人，不是八个人，而是一个人，一个孤独的将身世写入画中的人。

八大山人，原名朱统鏊，后改名朱耷，是明太祖朱元璋第十六子宁王朱权的后裔，世代居住在江西南昌。优越的家庭条件再加之聪明好学，8岁的朱耷即能作诗，11岁能画山水，书法也小有成就。明亡时，朱耷19岁，不久父亲去世，骤然而至的家国之痛使他内心极度忧郁、悲愤，索性假装聋哑，隐姓埋名遁迹空门，以求自保。

巨大的身世变迁，极度的心理落差，使八大山人一生都处在与现实生活格格不入的境地中。他的绘画生前即已享有盛名，可他却几乎不与当世的任何一位画家交往，唯一有所往来的是与他有着相似身世的石涛，但也仅限于书信交往，而且在交往中八大山人也一直处于被动地位。他所有痛苦哀伤的心情，都借山水、花鸟抒发了出来。在八大山人的绘画作品中，尽是残山剩水、老树枯枝、振翅孤鸟、干涸的池塘和挺立的残荷——画面已成为他孤寂痛苦的心灵写照。就如郑板桥评价八大山人时所说：“横涂竖抹千千幅，墨点无多泪点多。”

南华秋水图 清 朱耷

八大山人的最大成就在写意花鸟方面。他的花鸟画在承袭陈淳、徐渭写意花鸟画的基础上发展为阔笔大写意画法，画中鸟、鱼的眼睛多数“白眼向人”，以此来表现自己孤傲不群、愤世嫉俗的性格，从而创造出一种前所未有的花鸟造型。构图上，八大山人可谓“简”、“省”的典范，往往满幅就只有一枝花，一只鸟，一块怪石，一只猫，一株枯柳，毫无点缀与背景，显得冷清荒凉。

仿倪云林山水 清 朱耷

八大山人的书法艺术和篆刻图章，也独具风格。他甚至可以用篆书的笔法去写行草书。晚年八大山人尤其喜欢用秃笔，笔势变得朴实浑圆。他的书艺一直在进步发展，到去世前夕达到顶峰，整个风格显得自然天

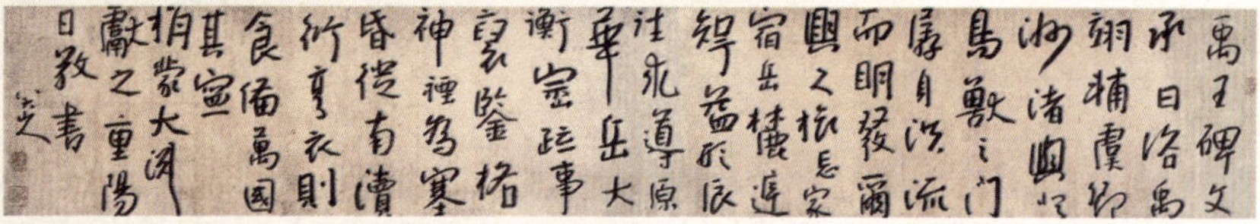

禹王碑文 清 朱耷

成，即使是草书也不求怪诞奇诡，而是单纯静穆，真正达到了“清水出芙蓉，天然去雕饰”的至高境界。他篆刻的图章，形体古朴，含意深奥，为世人所称赏。

松鹿图 清 朱耷

朱耷题诗作画所用的别号很多：雪个、个山、人屋、驴汉、驴屋驴、刃庵、破云樵者等，每个名号都寓意深远，且与他的家国情结有着千丝万缕的联系。直到60岁时朱耷的情绪开始趋于平静，“八大山人”的署名也从此时方才开始使用，此号一直沿用到他80岁去世。至于“八大山人”的来历，有人认为，朱耷连笔写出的“八大山人”四字，连缀起来，仿佛“哭之笑之”字样，暗寓其对红尘啼笑皆非的痛苦心情。还有一种说法是，朱耷为僧时常读《八大人圆觉经》，沉于随遇而安、安贫乐道和自我解脱之境。这与其晚年的心境比较相通，据此经取号似乎更近情理。

八大山人的画在当时影响并不大，学习他的人也不多。但对后世而言，他却是惠泽深远。其后的写意派画家，如清乾隆年间的扬州八怪，清末的吴昌硕，近代的齐白石、张大千、潘天寿、李苦禅等，都或多或少地受到他的影响。

知识加油站

由于身世沉浮，八大山人一些画作带有明显的讽刺色彩。如晚年所画《孔雀图》，下半部是一块上大下尖、很不稳固的大石，石上蹲着两只孔雀，孔雀的尾部拖着三根残羽，造型丑陋，作为背景装饰的也只有几片低垂的竹叶和两朵凋零的牡丹。画上题诗："孔雀明花雨竹屏，竹梢强半墨生成。如何了得论三耳，恰是逢春坐二更。"诗中"三耳"典故暗指逢迎拍马的奴才，因喜欢告密所以有三只耳朵；画中的孔雀就是清廷奴才的象征，三根残羽暗指清代高官顶戴上的三根花翎，这些奴才们赶着接驾，皇帝五更到，他们二更就早早坐在那里等候了。诗加画，讽刺意味一目了然。八大山人的画幅上常可看到像鹤形符号的签押，这其实是以"三月十九"四字组成，因为甲申三月十九日是明朝灭亡的日子，他是借此寄托怀念故国的深情。

有问必有答

八大山人的阔笔大写意画法是怎样的画法？

阔笔大写意画法指的是国画中通过象征寓意的手法，对所画的花鸟、鱼虫进行夸张，以其奇特的形象和简练的造型，使画中形象突出，主题鲜明。

拓展训练营

八大山人传世的画作很多，有关他的故事也不少。将他的故事找来读读，或许你会明白些许他画作里的忧伤。

搜尽奇峰打草稿

——石涛

PART .22

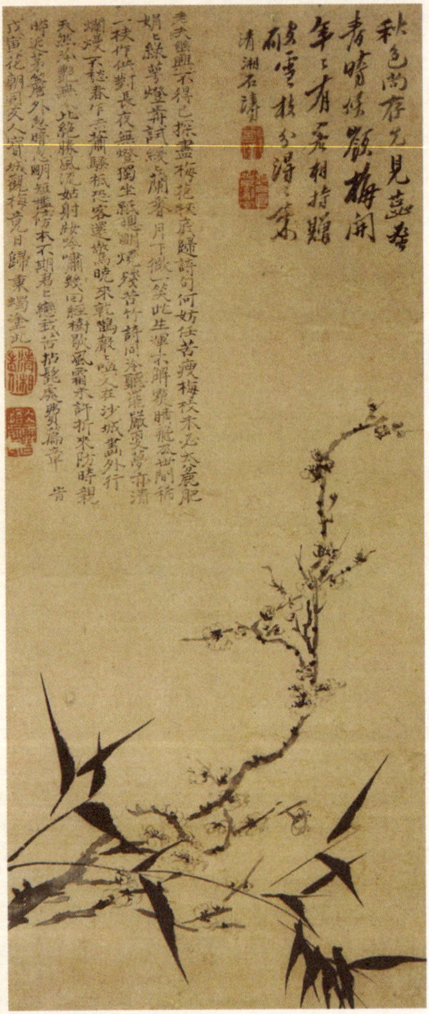

秋色尚存图 清 石涛

明末清初的时候，有一个人叫苦瓜和尚，他说他的老师是安徽黄山，他的朋友是天下奇山，你知道他是谁吗？

他就是明朝的皇室后裔——石涛。石涛，字原济，号清湘老人、苦瓜和尚。他是中国绘画史上一位十分重要的人物，既是绘画实践的探索者、革新者，又是一名艺术理论家。

石涛的王族身份并没有给他带来荣华富贵，反而使他的一生充满了坎坷与艰辛。自少年时代起他就开始四处漂泊。他先居于武昌读诗学文，修习书画。26岁以后他定居于安徽宣城地区。期间，他多次游览黄山，既学习禅理也专心于书画创作。传世名作《观音图》、《秋涧岚影图》、《竹石梅花图》等均作于此时。在宣城大约住了15年，石涛散尽生平积蓄，之后迁居南京居住了8年。在南京的8年间，前4年他几乎不与人往来，过着隐居生活；后4年则社交活动频繁，往返于南京和扬州之间，开始成为一位职业画家。当其画名正盛时，功名之心渐炽渐烈。康熙南巡南京、扬州时石涛都曾诚惶诚恐地接驾，并奉献《海晏河清图》，终于受清宗室博尔都之邀北上京城。在北京的3年中，石涛日夕周旋于公卿之间，留下了不少作品，但却始终怀才不遇。3年后石涛只好失望地回到扬州以卖画为生，最后还俗，终老于扬州。

石涛山水画作品，有用笔粗细的严谨要求，其中又有刚柔和疏密的变化。《搜尽奇峰图》是石涛山水画中的代表作，属于粗笔一路。画中密皴密点，峰险石奇，峭壁回抱，对山形的处理概括而集中，与密密麻麻的苔点一起，组成了特殊的石涛风格。真可说是达到了“不立一法”、“不舍一法”

对饮 清 石涛

登楼万里春 清 石涛

采菊图 清 石涛

夜雨 清 石涛

的境界，这种沉郁苍茫的境界，在清初画坛上少有人能与他一较高下。

值得一提的是，石涛在近百年来的中国画坛中，虽然一直以一个不顾陈规旧法，甚至是无视传统法则的大胆革新家的面目出现，但是，不能因为他有独创的一面而无视甚至歪曲他尊重传统、师法古人的一面，无论是理论上，还是作品中，都可以看出传统对石涛的巨大作用。他“借古以开今”的观点同他“法自我立”的观点一样，都说明了任何创新无不是从富有生机活力的传统中演化而来。撇开传统的创新不仅是盲目的，而且也是无法成功的，这应是石涛给我们的最大启示。

知识加油站

之前我们说过，石涛是八大山人唯一的朋友，原因是二人颇多相似之处——二人都是由宗室遁入空门又由空门返还俗世，但在人生态度上二人却有极大的不同。八大山人的遭遇源自清兵入主中原，石涛的遭际则起于明末政权的内讧。另外八大山人比石涛大十几岁，石涛遁入空门时只是一个4岁的幼儿。虽同样都经受了家国之痛，但是八大山人对清廷怀有刻骨的仇恨，石涛则因为缺少切肤之痛而疑惑迷惘。另外二人的性格也不一样。八大山人较内向，石涛则外向。因此前者可以甘于寂寞对人生始终怀有一种不理解的态度而离群索居，后者则热爱交游始终怀有一种实现人生价值的热望，急切地想参与到现实生活中来。这种不同的人生际遇与价值取向使得二人的艺术风格迥然相异。

八大山人以其惊世骇俗的画作震惊世人，但对自己的艺术思想则从不谈及，只将一腔激情注入笔墨。石涛则不仅有大量作品还写下了大量论画妙语。今存《苦瓜和尚画语录》就是他的画论专著。此书使我们对石涛的画作有了更深的了解。

有问必有答

文中提到“法自我立”这个词，所谓“法”，就是指艺术的形式、技巧、手法和规律。它是前辈艺术家创造和积累起来的，同时又是时代和观众选择的结果。这些东西并不是凝固不变的，而是处于不断的发展变化之中。

拓展训练营

石涛有言：“笔墨当随时代”。这句当年普通的画跋，在21世纪的今天几乎被每个从事艺术创作的人所熟知。有人赞成，也有人持不同观点，各自见仁见智。试着想想这句话的意思，然后告诉自己，对这句话，你有怎样的理解？

精巧之致 鬼斧神工
——清乾隆粉彩各色釉大瓶

PART .23

各色釉彩瓷瓶 清

我国瓷器发展到清代，可以说集历代名窑之大成。当时的瓷器生产无论在数量或质量上，都达到了又一次历史高峰，其精美奇巧的造型，五色缤纷的釉彩，华缛多姿的纹饰，均堪称为一代之奇。民初的黄裔在《瓷史》中就曾有“瓷器至清则无美不备矣”的极高评价。而当时瓷器在社会上的应用范围也极为广泛，举凡日常生活所用器物，瓷器皆可仿效或者是取而代之。而在林林总总的清代瓷器世界里，一件各色釉彩瓷瓶被人们形象地称为“瓷母”，这到底是一件怎样的瓷器呢？

这件被称作“瓷母”的大瓶，现藏于北京故宫博物院。它不仅是乾隆时期的代表作，同时也是中

釉里红三鱼高足瓷杯 明

门彩瓷鸟缸杯 明

国陶瓷史上的罕见之作。此瓶高达86.4厘米，然而硕大伟岸的形体，端庄凝重的造型，尚不足以使它名垂史册，最令人赞叹的是在该瓶装饰上，各种名贵的颜色釉和彩绘图案多达十几种，凡属陶瓷装饰的釉彩几乎无所不备。不仅有红釉、青釉、白釉仿哥釉、仿汝釉、仿官釉、仿钧釉等各种高温颜色釉，还有青花、五彩、粉彩、斗彩、珐琅彩等不同的釉下与釉上彩绘，共同绘出“三羊（阳）开泰”、“吉庆有余”、“丹凤朝阳”、“太平有象”等吉祥图案，称得上色彩纷呈，奇妙无比。

如此众多的画面要在同一个瓶体上，并且无一瑕疵，实在难能可贵，这足以证明清代的陶瓷烧造工艺达到了一个登峰造极的境界。要知道，在瓷器的烧造过程中需要用到多种配方，不同的

粉彩八桃过枝纹瓷盘 清

豇豆红太白瓷尊 清

珊瑚釉粉彩花鸟纹瓷瓶 清

釉料配方对窑内烧制气氛的要求是不同的，这需要经过多道工序方能制成。例如青釉需要用氧化亚铁呈色，红釉用铜呈色，钧釉则是靠铁和铜共同呈色。釉上彩的红色依靠铁呈色，黄色用锑，紫色用锰，胭脂红用金着色。至于釉下彩的青花则需用钴蓝料呈色。所有这些必须分别在“还原”或“氧化”的不同气氛中，用600℃—1300℃之间的高低温度各自烧成，然后再黏合在同一件器物上面，不知要耗费多少的人力、物力才能成功，也只有在“乾隆盛世”那种“精巧之致几于鬼斧神工”的时代背景下，在集历代制瓷技艺之大成的客观条件下才能出现。目前所知世间尚无同样制品，堪称举世无双的绝品。

窑变双耳瓷尊 清

五彩竹雀纹瓷壶 清

知识加油站

清代制瓷工艺达到了中国陶瓷史上的又一个高峰，值得称道的除了精致的釉面装饰，还有各种奇特的工艺，“象生瓷器”就是其中的代表。清代的象生瓷器以乾隆时期为代表。其别出新意的造型，令人眼花缭乱的仿真釉色，使之有别于传统瓷器的造型、釉色、纹饰。如所仿胡桃、藕、莲子、石榴、菱角、荔枝、花生、螃蟹、海螺等各种动植物形象，制作之精巧几乎与原物不能分辨。仿古铜器、漆器、竹木牙角和玉石，也都能得心应手，是乾隆时期制瓷工艺十分成熟的显著标志之一。

有问必有答

在文中我们提到了陶瓷烧制时需要在“还原”或“氧化”气氛中，那到底什么是“还原”气氛、“氧化”气氛呢?

所谓氧化气氛，指的是烧窑时窑内空气供给充分，燃料完全燃烧的情况下产生的一种火焰气氛。它的特征是无烟透明，燃烧产物中主要成分是二氧化碳及过剩的氧气，不含可燃物质或含量很少。而烧窑时空气供给不充分，燃烧不完全的情况下产生的一种火焰气氛，就被称作是还原气氛。

拓展训练营

在清代制瓷的能工巧匠手中，还曾诞生过许多精巧的器形，如“转颈瓶”、“转心瓶”、“交泰瓶”等。其中的一些工艺，今天已经失传了。试着在博物馆或是网络世界中，找寻一下它们的踪迹吧。

虽由人作 宛自天开
——私家园林

PART .24

中国园林有两个系统，一个系统是皇家园林，一个系统是私家园林。文人士大夫为了寄托自己的精神追求，体现自己闲适淡泊的心境而建造的园林，就属于私家园林的范畴。

据记载，我国早在汉代就出现了私家园林，到了魏晋南北朝时期，私家园林开始以自然山水作为园林景观的重心。唐代的私家园林继续向抒情写意的方向发展。有文献记载，唐代仅洛阳的私家园林就有千余家，长安更多。李德裕的平泉庄、王维的辋川别业和白居易的庐山草堂就是其中的代表。白居易的庐山草堂着眼于四周幽邃宁静的自然景

苏州园林

拙政园

色："春有锦绣谷花，夏有石门涧云，秋有虎溪月，冬有炉峰雪，阴晴显晦，昏旦含吐，千变万状，不可殚记。"是一座典型的以自然景观为主的山地园林，具有清雅幽静的风貌。

承德避暑山庄

宋代洛阳的名园众多，园中引水凿池，叠土堆山，种植花卉竹木，规模较大。当时造园已采用借景、对景等手法。南宋以后，赏石之风很盛，所以很多园林都采用太湖石作为景观。宋代士大夫的园林也都注重文化内涵。如司马光独乐园中景点的设置："读书堂"是追慕董仲舒之好学，"钓鱼庵"寓严子陵之钓台，"种竹轩"源于王子猷的名言："何可一日无此君（注：指竹）"。"见山台"源于陶渊明的诗句："采菊东篱下，悠然见南山"。司马光在《独乐园记》中写道："堂中读书，倦时钓鱼，采药浇花，登高远望，明月时至，清风自来，逍遥自在，不知天壤之间复有何乐可以代此也。"

明清两代是中国私家园林发展的全盛时期。主要集中在北京、南京、苏州、扬州、杭州、无锡、松江等地。据记载，明代私家园林在北京有50多处，在苏州多达270多处。扬州城外瘦西湖至平山堂沿岸，私家园林一座接一座，"楼台画舫，十里不断"。北京私家园林最有名的是武清侯李伟的清华园和米万钟的勺园。清华园和勺园都是水景园，但清华园富丽堂皇，勺园曲折素雅，各有特色。后来康熙皇帝就在清华园旧址上建造了畅春园。

明代南方的私家园林最有名的是苏州的拙政园、留园、艺圃、狮子林、沧浪亭，上海的豫园，无锡的寄畅园，南京的瞻园，嘉庆的秋霞园，杭州的皋园等。园林和造园专家在建造这些园林时，都力图在有限空间内再现大自然的山水美景，以达到身居城市而享有山林之趣的目的。

清代的私家园林已经逐渐显露出造园艺术的地方特色，形成北方、江南与岭南三大体系。北方私家园林集中在北京。据统计当时城内私家园林有150处之多，著名的有恭王府萃锦园、半亩园等。城外集中在西部海淀一带，著名的有一亩园、蔚秀园、淑春园、熙春园、翰林花园等，大部分为水景园。江南私家园林在清初集中在扬州地区，乾隆以后苏州转盛。最著名的有瘦西湖沿岸的二十四景（一景即为一园），扬州城内的小盘古、片石山房、何园、个园，苏州的拙政园、留园、网师园，无锡的寄畅园等。江南园林建筑小巧玲珑，色彩淡雅，迂回曲折，空间层次多变化。叠石主要用太湖石和黄石两大类。岭南园林以顺德清晖园、东莞可园、番禺余荫山房、佛山梁园为代表作。台湾的一些宅园也属于岭南体系。岭南建筑比较规整，通透明亮。在工艺方面用塑壁及细木雕工较多，显出较强的装饰性。

苏州园林

知识加油站

中国古典园林赏石的评价标准概括为瘦、透、漏、皱、怪、丑、清、顽八个字。因此赏石的方法有三：一是赏其结构之美；二是赏其肌理质地之美；三是赏其色泽之美。另外，周围环境中建筑背景、水景和花木的陪衬，以及日月光影的映射，则更能渲染、烘托出石的意境之美。

有问必有答

文中提到宋代造园已采用借景手法，什么是借景呢？

借景，指的是巧借园内或园外可观之景，从而突破有限的空间而达到无限的空间。经过园林艺术千余年的积累，借景这一艺术手法演化出许多形式，如远借、近借、邻借、实借、虚借、镜借及应时而借等等。

拓展训练营

除了借景之外，造园的方法还有许多。这都是中国古代的宝贵智慧。如有机会去江南游玩，记得要用心看一看，聪明的造园专家是采用怎样的方法，把大自然的清风明月引入园内的？

不睹皇居壮 安知天子尊

——故宫

PART .25

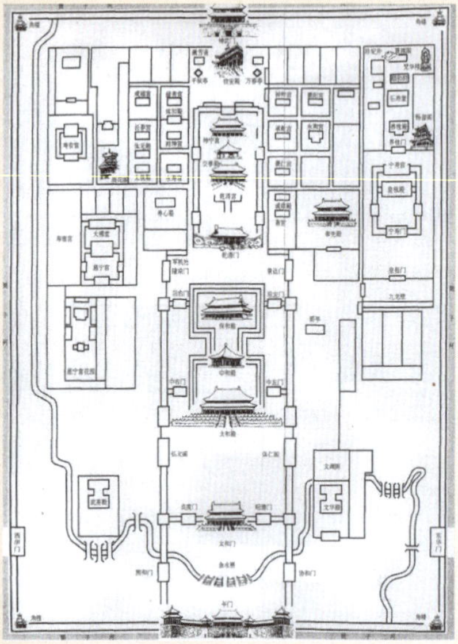

北京故宫平面图

我国由于经历了漫长的封建社会，历代帝王为了满足其骄奢淫逸的生活和维护其统治的威严，往往大兴土木，营建各种宫室殿堂。秦始皇统一中国后兴建的阿房宫，就已达到惊人的规模。西汉初年修建的未央宫，宫城周围达8900米。汉高祖刘邦曾因见到这座宫殿建筑的奢华而动怒，主持这一工程规划的萧何说："天子以四海为家，非壮无以重威。"这说明统治阶级已经认识到，规模宏大的宫殿建筑也可以作为巩固其政权的一种工具。所以，秦汉以后，宫殿建筑始终在中国古代建筑中占有重要的位置，而现在保存下来的规模最大、最完整、也是最精美的宫殿建筑，首推北京的故宫。

北京故宫始建于明代永乐年间，至今已有五百多年的历史。故宫又叫紫禁城，是明、清两代帝王的皇宫，也是我国古代规模最大、形态最复杂的四合院式建筑群。它体现的是整个中国封建帝制和文化礼教的意识形态。其最主要、最根本的成就体现在整个建筑群的谋篇布局，是我们中国悠久文明最辉煌的展现。

占地72万平方米，建筑面积约15万平方米的故宫是一个以天安门等城门和太和殿等大殿为中轴线的巨大矩形建筑群，左右形制大致对称自南向北，依次建有午门、太和门、乾清门、神武门。它四周环绕着高大的红色城墙，城墙四角有造型别致的角楼，墙外有护城河。

从故宫外最前端的天安门往北行，经过端门，到达午门。有宫墙外千步长廊，它的东边为太庙(今劳动人民文化宫)，西边为社稷坛(今中山公园)。进入午门便是故宫外朝。它由太和殿、中和殿和保和殿构成主体，三殿均建于高大的汉白玉台基上。太和殿是宫中最重要的殿堂，因此也是故宫最高大的主建筑(俗称金銮殿)，高35米，宽63米，其开间、进深、屋顶高度为我国留存下来的古代建筑之最。皇帝即位、颁诏、节日、庆寿等大典活动均在此举行。中和殿是皇帝大朝前的休息场所。保和殿为殿试进士的场所。

三大殿建于乾清门和太和门之间，乾清门和神武门之间则是我们俗称的“三宫”，分别是乾清宫、交泰宫和坤宁宫，也就是帝王后妃的生活区。三宫两侧的其他宫室为皇帝嫔妃及太子的住所。“三宫”之后是御花园。

故宫房屋建筑均为黄琉璃瓦和红墙，在北京城灰色民居建筑中

显得格外醒目。它在总体布局上则体现了中国古代最根本的世界观和宇宙观以及阴阳五行学说，且将背山面水的传统风水模式贯穿其中。在对称、稳固中尽显封建礼制和皇权政治的威严和神圣感。

因此，建筑学家们认为故宫的设计与建筑，实在是一个无与伦比的杰作，它的平面布局，立体效果，以及形式上的雄伟、堂皇、庄严、和谐，建筑气势雄伟、豪华壮丽，是中国古代建筑艺术的精华。它标志着中国悠久的文化传统，显示着五百多年前匠师们在建筑上的卓越成就。

知识加油站

璀璨夺目的琉璃瓦是中国传统的建筑材料，用优质黏土塑制成型后烧成，表面上釉，釉的颜色有黄、绿、黑、蓝、紫等色，富丽堂皇，经久耐用。琉璃瓦多用于民族色彩的宫殿式大屋顶建筑中。通过造型设计，制成的花窗、栏杆等琉璃制品，广泛用于庭院装饰中。

有问必有答

文中出现了几个晦涩难懂的词组，如“阴阳五行学”等等。这些词组究竟指的是什么意思呢？

阴阳五行学：阴阳五行学说，是中国古代朴素的唯物论和自发的辩证法思想，它认为世界是物质的，物质世界是在阴阳二气作用的推动下形成、发展和变化；并认为木、火、土、金、水五种最基本的物质是构成世界不可缺少的元素。

宇宙观：世界观，也叫宇宙观，是哲学的朴素形态。世界观是人们对整个世界的总的看法和根本观点。由于人们的社会地位不同，观察问题的角度不同，形成不同的世界观。

拓展训练营

今天，故宫已经对游客开放。在这组皇家建筑群当中，收藏了许多稀世珍品。有机会去看看吧。

唱、念、做、打

——国粹京剧

PART .26

1790年发生了一件对京剧形成有关键影响的事——徽班进京。乾隆五十五年（1790年）是乾隆“八十万寿”。“三庆”徽班进京为乾隆皇帝祝寿，在北京受到了热烈欢迎。继“三庆”徽班之后，又有不少徽班相继进京。徽班中以“三庆”、“四喜”、“和春”、“春台”最为著名，时称“四大徽班”。

徽班进京，为京剧的形成准备了初步的条件。然而，只有徽班，京剧还无从产生。汉戏进京，促成了京剧的最后形成。汉戏演员进入北京后，并没有单独组班演出，而是搭入徽班，徽汉合流为京剧的最后形成创造了条件。汉戏进入徽班，对徽班的声腔曲调起到了丰富和改造的作用。在汉戏的影响下，徽班的演出逐渐发生变

生角

化，由诸腔杂陈，变为以具有新特点的皮簧腔为主要音乐形式。在唱念上，《中原音韵》成为语言规范，并吸收一些北京字音，从而增进了与观众的交流，使徽班的演出具有了统一的语音标准。经过五六十年的孕育，1840年至1860年，京剧终于从徽班中诞生，无论在剧目，还是在声腔、音韵、表演上，都形成了自己的特色。

旦角

总的来说，京剧表演艺术的特点大致包括四点：其一是综合性，即京剧表演融唱、念、做、打于一体；其二是虚拟性，即京剧表演中人物的动作、自然环境都是虚拟的；其三是程式化，即许多来自生活的动作被舞台化、定型化，形成被所有演员遵循的规范；其四是夸张，这主要指的是京剧表演中演员的形体动作是非常夸张的。

京剧继承中国戏曲的传统，在昆曲及地方戏的基础上，根据人物的性别、性格、年龄、职业、社会地位等，把舞台上的角色分为生、旦、净、丑四大类型，即四个行当（在京剧发展的初期，京剧的行当分生、旦、净、末、丑五大类，后生行与末行合并）。不同的行当在演唱及表演诸方面都有不同的特点。

生行——生是扮演男性角色的一种行当，其中包括老生、小生、武生、红生、娃娃生等几个门类。除去红生和勾脸（画脸谱）的武生以外，一般的生行只是略施粉墨，以达到美化的效果，所以称作俊扮。

旦行——旦扮演各种不同身份、年龄、性格的女性角色。其中又分成青衣、花旦、花衫、武旦、老旦等几类。

净行——又称花脸，扮演男性角色。分为正净、副净、武净三个种类。

丑行——丑，也叫小花脸、三花脸。这是从净行的大花脸、二花脸排下来的。丑可以扮演坏人，也可以扮演正直、善良的好人。可以演阴险、狡猾、自私的人，也可以演机警、伶俐、幽默的人。在传统戏里，下层老百姓，如渔夫、差役等常常由丑角来扮演，他们在性格上往往具有滑稽、活泼、乐观的特点。丑又可分为文丑、武丑两类。

说到京剧，不能不说说脸谱。脸谱是京剧化妆非常重要的一部分，它借助夸张的色彩和线条，突出人物的性格，表达对人物的评价。脸谱主要用于净丑两行所扮演的各色人等。每个脸谱都是以戏中人物的长相、性格为依据的。大致分为整脸、三块瓦脸、破脸（又称歪脸）、丑角脸、象形脸等几类。

2010年11月16日，经在内罗毕举行的联合国教科文组织政府间保护非物质文化遗产委员会第五次会议审议，北京市文化局代表全国京剧传承机构和流布地区申报的京剧成功入选2010年“人类非物质文化遗产代表作名录”。

知识加油站

“四大名旦”的来历

1927年，北平的《顺天时报》组织了一次以读者投票方式进行的京剧旦角评选活动。评选结果，梅兰芳、尚小云、程砚秋、荀慧生、徐碧云、朱琴心名列前六名。不久，朱琴心退出舞台，遂有“五大名旦”之说。后徐碧云又辍演，于是便只流传着“四大名旦”的名字了。而“四大名旦”各具特色，不断进取，在戏坛的地位日益稳固。1931年，长城唱片公司邀请梅、程、荀、尚灌制《四五花洞》的唱片，反响强烈，流传一时。从此，“四大花旦”的称谓便固定下来，为世人所公认。

有问必有答

京剧的虚拟性特点具体体现在哪些地方呢？

可以说，京剧的虚拟性最突出的体现在京剧舞台表演环境的虚拟上。比如开门、开窗，舞台上并没有真正的门窗；演水中行船，台上既没有水也没有船，都是通过演员的表演实现的。在京剧表演中，环境带在人物身上。人物上场，随着人物的表演，环境便具体化了。观众通过演员的表演来联想、想象，从而把握故事发生的情境。

拓展训练营

在京剧中，脸谱的色彩各自具有不同的含义。一般来讲，颜色象征了性格。那么，红色、黑色、黄色各自代表了怎样的人物性格呢？赶紧查阅资料，自己找出答案吧。

PART .27

精美的石头会唱歌
——篆刻

你相信吗：石头会唱歌？当然，这显而易见是一种比喻。但用“精美的石头会唱歌”来比喻印章的美观自然，饶有情趣，那是再合适不过了。中国的篆刻艺术在明清篆刻的努力实践下，佳作纷呈，成为一道独特的艺术风景。

其实，早在先秦及秦汉时期，人们就多用印章来封印物品，如简牍写的信要用封泥封住，然后在上面盖印，防止私拆。用纸写信后，这一习惯依然留存下来，只不过封泥被朱红色的印泥取代。此外，印章也常用作商业上交换货物时的凭证。在政治领域中，印章更是十分流行，官印成为了权力的一种象征。特别是唐宋以后，大小官印十分普及，但唐宋以前，印章上的篆刻主要出于实用的目

壬戎兵器 战国

轪侯之印 汉

的。宋元以后，文人画盛行，诗、书、画、印结合，印章逐渐成为了书画艺术中不可或缺的一部分。但直至明代以前，篆刻艺术主要还是作为书画的一种附属品而存在。篆刻真正成为一门独立的艺术，并与书法一样具有独立的欣赏价值，是在明清时期。这一时期，印章的字体、章法、刀法、内容等都真正趋向了尽善尽美。

印章的字体多用篆书，篆体是先秦和秦代的常用字体，篆字不太易认，要辨识它需要一定的文化修养，对欣赏者而言具有一定的挑战性，而时间的久远又使得这种字体别具一种历史沧桑意味。

印上的字与字、行与行之间的布局安排一般称为章法，章法美观自然，会使得印章饶有情趣。印章不仅要写还要刻，因此，刀法也成为印章好坏的一个重要组成部分。刀法一般分为冲刀和切刀两种：冲刀速度快，切刀速度慢；冲刀一泻千里，切刀稳健雄强。两种刀法配合使用，刀刻线条之中就蕴含着一种美感。再从印文内容看，文人书画家因为其自身的修养，常常喜欢在印章上刻一些成语典故或诗词佳句，使得印文本身也充满了文化情趣。

近代篆刻继承了明清文人篆刻的传统，然而在技巧上更精能，取材上更宽大，境界上也更奇伟。如我们熟知的齐白石老人，既是一位木匠出身又是诗、书、画、印均卓绝出众的艺术家，他自认篆刻第一、诗词第二、书法第三、绘画第四。他的篆刻作品章法强调疏密，空间分割大起大落，单刀切石，大刀阔斧，横冲斜插，极富猛利狂悍、痛快淋漓之魅，创造出一种“写意篆刻”的独特风格。

总之，随着时间的推移，未来的篆刻艺术将蔚然独立，更加波澜壮阔、虎虎有生气。

婕伃妾娋 汉

禺疆（圖形印） 战国

巡按之印 金

万户之印 宋

徐尊 汉

知识加油站

印章的材料也是极有讲究的，有铜、石、金、玉、木、牙、骨、砖、陶、有机玻璃制品等。但作为篆刻艺术用材，还是以石质材料为主。因为石质印材，柔、脆、腻、坚适中，易于受刀，并能表现出特有的金石韵味，故明清以来多为印人所喜用。同时也促进了篆刻艺术的发展。印石由于产地很多，质地也各有差别，其中以青田、寿山石等为好，产量也较多，价廉物美。

有问必有答

印章上的文字经历了怎样的字体变化呢？

印章上的文字最早是与当时通用的字体相一致，战国时采用的是各大篆、籀文，秦用李斯的秦篆，秦汉以后，扩大了印章上的字体范围，出现了缪篆、鸟虫篆等多种篆体。隋唐以来，不仅沿袭使用篆体类文字，而且把隶、楷甚至甲骨文等字体也应用于治印，而篆文始终处于主导地位，直至今天。

拓展训练营

有了印章，自然少不了它的搭档——印泥。印泥的质地会影响印章的效果吗？质地好的印泥，印出的印章色彩鲜美而沉着，有立体感。质地差的印泥印出来，则显得色泽灰暗或浅薄；甚至有的印泥油迹浸出，使印文模糊，更加难看。请教一下周围学习字画的人，应该如何选择一款质地好的印泥呢？

挑战世俗与传统

——扬州八怪

PART .28

清朝雍正、乾隆年间在扬州地区活跃着一群特殊的画家，他们在作画时不守墨矩，离经叛道，而且个性倔强，孤傲清高，行为狂放。因此，人们称他们“扬州八怪”。金农、黄慎、郑燮、李鱓、李方膺、汪士慎、高翔和罗聘就是我们所说的“怪人”。

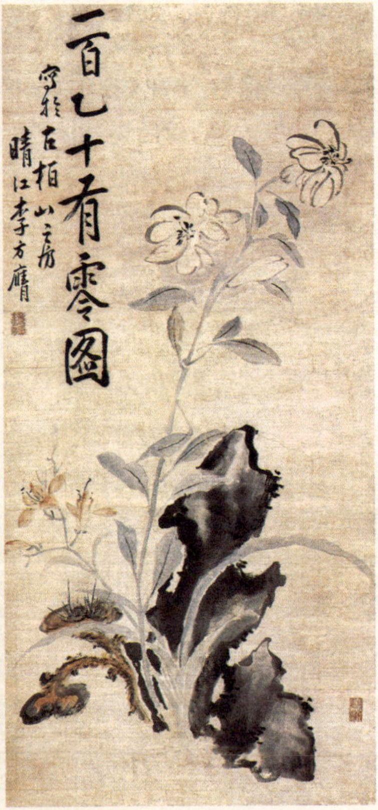

百龄图 清 李方膺

弹指阁图 清 高翔

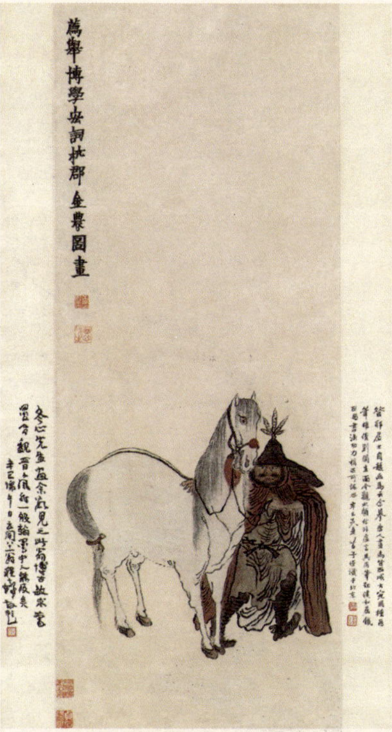

人物鞍马图 清 金农

古柏凌霄图 清 李鱓

扬州八怪这个书画群体的形成与以画院为正统的书画流派截然不同。中国绘画至明末清初受到保守思想的拘囿，以临摹为主流，画坛上影响最大的是以“四王”为首的虞山、娄东画派。这些画派以“正宗”自居，讲究临摹学习古人、以悌守古法为原则，作品多为仿古代名家之作。扬州八怪的作品，突破了当时占正统地位——“四王”这一派的条条框框，无论是取材立意，还是构图用笔，都有鲜明的个性，敢于创新，自立门户，反对明末清初的空虚学风，追求个性解放，正如郑燮所说：“下笔别自成一家，书画不愿常人夸。颓唐偃仰各有态，常人笑我板桥怪。”

扬州八怪虽也尊重传统，但与“正宗”不同，他们不死守临摹古法，主要继承了徐渭、朱耷、石涛等人的画法和创作思想。如郑

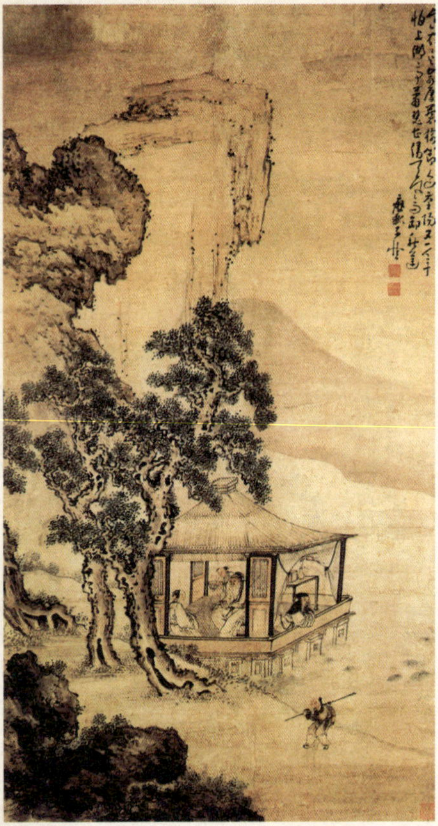

湖亭秋兴图 清 黄慎

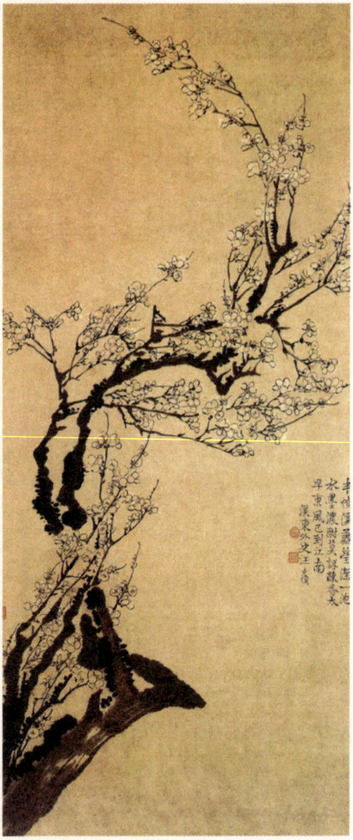

梅花图 清 汪士慎

板桥推崇石涛，也是“撇一半，学一半，未尝全学”。石涛提出“师造化”、“用我法”，反对“泥古不化”，提出画家应到大自然中去吸收创作素材，强调作品要有强烈的个性。石涛的绘画思想为扬州八怪的出现奠定了理论基础，并被扬州八怪运用于实践之中。

扬州八怪的绘画创作成就主要表现在诗、书、画、印结合及书画同源的艺术特性上。他们除了能诗擅画外，大多长于书法、篆刻。其书法与正统的帖学书法相对立，他们亦成为碑学书法的一支前卫中坚力量。由于各家书法风格不同，影响到他们的绘画趣味也

易安像 清 罗聘

竹石幽兰图 清 郑燮

迥然有异、色彩纷呈。其中，成就最突出的当推黄慎、汪士慎、郑燮、金农四家。

在作品的题材上，扬州八怪继承了文人画的传统，以梅、兰、竹、菊、松、石等为主要描写对象，除了表现出一般的清高、孤傲、绝俗等意趣外，还运用象征比拟、隐喻等手法，并通过题写诗文，赋予作品以深刻的社会内容和独特的思想表现形式。如郑燮以竹声比拟民间疾苦声，“一枝一叶总关情”。

尽管扬州八怪的艺术作品当时只流行于扬州及附近地区，但是它在继承和发展中国传统水墨写意画方面，对后世产生了深远影响。

知识加油站

吟诗可以抒情养性，可是郑板桥却用吟诗劝退了小偷。

郑板桥辞官回家，“一肩明月，两袖清风”，惟携黄狗一条，兰花一盆。一夜，天冷，月黑，风大，雨密，板桥辗转不眠，适有小偷光顾。他想：如高声呼喊，万一小偷动手，自己无力对付，佯装熟睡，任他拿取，又不甘心。略一思考，翻身朝里，低声吟道：“细雨蒙蒙夜沉沉，梁上君子进我门。” 此时，小偷已近床边，闻声暗惊。继又闻：“腹内诗书存千卷，床头金银无半文。”小偷心想：不偷也罢。转身出门，又听里面说：“出门休惊黄尾犬。”小偷想，既有恶犬，何不逾墙而出。正欲上墙，又闻：“越墙莫损兰花盆。”小偷一看，墙头果有兰花一盆，乃细心避开，足方着地，屋里又传出：“天寒不及披衣送，趁着月黑赶豪门。”

有问必有答

文中提到的“画院”是一个怎样的组织呢？

画院是皇家御用的作画地点，它除为皇家绘制各种图画外，还承担皇家藏画的鉴定、整理及绘画生徒的培养。后来也指中国现代美术的创作和研究机构。宫廷画院始于五代，盛于两宋。后蜀国主孟昶创立的翰林图画院是中国历史上最早出现的画院。宋时徽宗富绘画才能，为画院订立了一套完整制度，以自己的鉴赏趣味和创作方法要求画院画家的创作，宣和画院遂成后代画院的典范，对两宋绘画的繁荣起了很大作用。至元，画院传统中断。明复置，清废。

拓展训练营

“扬州八怪”，各有各的精彩。找来他们的“怪事”读一读吧，或许，你会在他们的故事里，品读出不一样的人世风景。

PART .29

诗书画印 苍劲郁勃

——吴昌硕

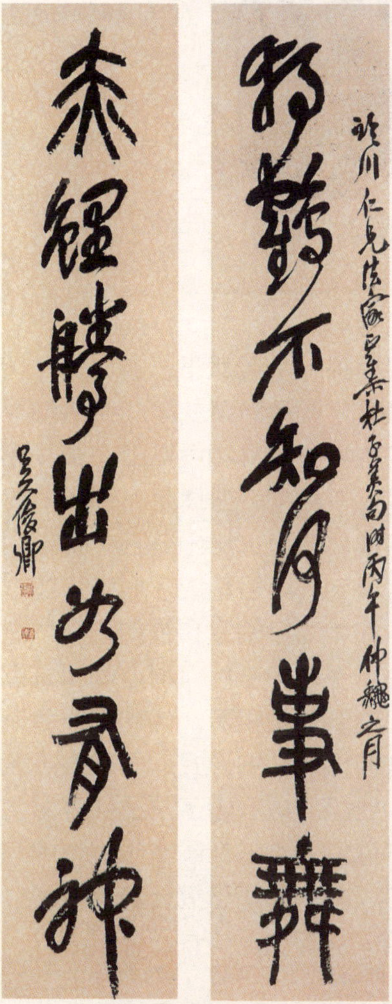

集杜子美句七言联 清 吴昌硕

文人画家吴昌硕以诗文、书法、绘画和篆刻构成其艺术生命的整体，对此评论者常以“篆刻第一，书第二，画第三”之说法来评价他。

严格地说来，吴昌硕艺术的起步是从少年磨石刻印的时代开始的，因此篆刻是他最初接触艺术时所掌握的媒体，篆刻艺术于是成了他最先有所成的一环。这之后才是书法，而绘画则要到32岁移居苏州，与任伯年相识之后方才开始。所以上文有“篆刻第一，书第二，画第三”的说法，这与起步时间之先后不无关系。也因而论画者常认为“ 他在金石篆刻方面的艺名，盖过了他在诗、书、画三方面的成就。”特别地突出他在篆刻上的造诣。

总的看来，吴昌硕在篆刻与书画上的成就，得力于早年对石鼓文字的修为。而钝刀硬入的篆刻刀法，也启发了他，使之发挥于书画中，终能创出

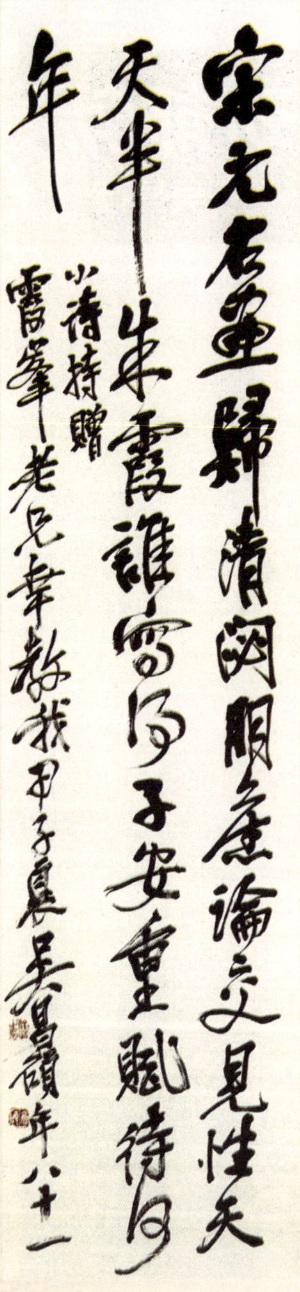

赠霞峰诗 清 吴昌硕

一池秋水闹风荷 清 吴昌硕

一己的风格来。

吴昌硕的一生沉潜于石鼓文，深切领略石鼓文字中所隐藏的笔势与气韵，又以此与前期的金文和后期的小篆相印证，求取于一贯的书法体系，于是周鼎彝器、秦权、秦量、秦山刻石、琅琊台刻石、会稽刻石等等都成了他借取的对象，终能在字划之间取其神韵，整体结构中取其行气，于古朴气酣之间寓妩媚于奇崛而达到刚柔相济，如此使篆隶书法的神韵容人狂草的形式，于是进入70岁以后，他的书法呈出了“乱头粗服”之趣，不论行、草书都展露出雄浑的苍劲，这不仅由于长年研究石鼓文所得，也同时是个人的学识修养与艺术溶人一体后的具体表现。

吴昌硕从事绘画是接近中年后才真

正开始的。在他的遗作里，可以看出以梅花为题材的画为最多。他早年住在安吉县城附近的小屋时，后院有一庭园。在这园里，经他手植的梅树有三十余株，每当初春寒梅著花时，他总是徘徊其间反复观赏，从那时候起他就喜爱梅花，开始作画以后，梅花便自然成为画中的题材。又由于他“以作书之法作画”，所以他画梅花时，常见有大篆或草书的笔法出现于枝干的笔画里，显现出“是梅是篆了不问”的自如。

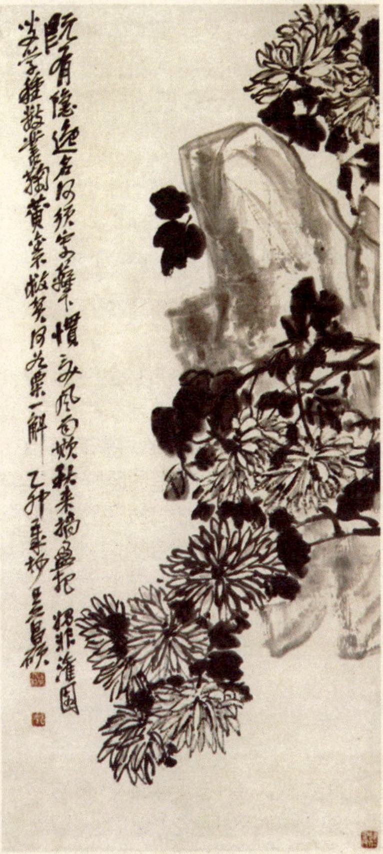

墨菊图 清 吴昌硕

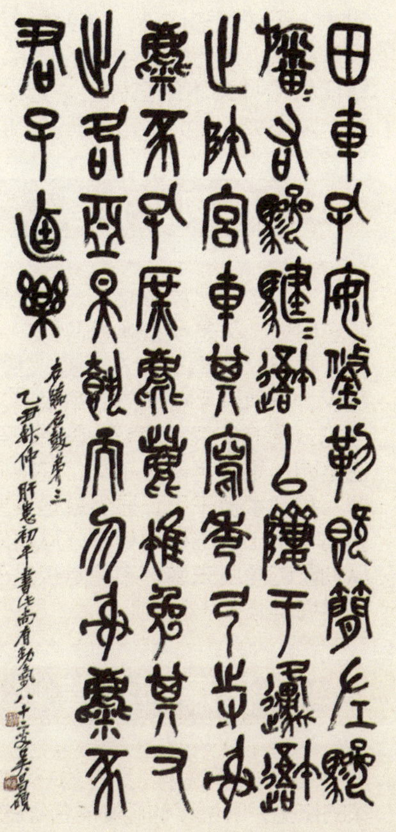

临石鼓文 清 吴昌硕

知识加油站

你知道吗？一个好的书法家需要经过长期的摹写训练，方能取众家之长，形成自己的风格。

与多数的书法家一样，吴昌硕也有他的一段长时间的临摹过程。最初时，他从颜真卿入手，后来再学钟繇。颜鲁公“大开大阖，气势谨严”的楷书，使吴昌硕很快就奠定了良好的基础。兼师钟繇之后，于颜书中渗入了秀丽的笔法发展了好长一段时间，因此他曾自称：“学钟太傅三十年”，恐非夸张之词。接着又学行书，取法自王铎、欧阳询、米芾等三家。于是“气象森严，清劲秀拔”兼而有之。

在隶书方面，他以“阳刚貌拙，方整气酣”的《张迁碑》、《汉祀三公三碑》、《嵩山石刻》、《张公方碑》以及《石门颂》为学习对象，于求其形似外，特别注重笔法的神韵，然后又广泛地观摩大量汉碑拓本，进行“碑学”的研究。中年以后，他在博览大批金石钟鼎彝器和各种拓本的基础上，选定“石鼓文”作为临摹研究的主要题材，以后数十年时间，就在这上面锲而不舍地研究下去。

有问必有答

文中形容吴昌硕画梅，“是梅是篆了不问”一说，你知道这句话源自何处，又是什么意思吗？

原来，吴昌硕曾在一幅《梅花》的题款上写道：“山妻在旁忽赞叹，墨气脱手椎碑同。蝌蚪老苔隶枝干，能识者惟斯与邕。”又于《沈公周书来索画梅》一首诗里写道：“蜾扁幻作枝连蜷，圈花著枝白壁园。是梅是篆了不问，白眼仰看萧寥天。”题画诗里说到的“椎碑”和“隶枝干”，显然就是吴昌硕书法的化身。他那苍拔浑劲的篆隶运笔下出现的梅树枝干，从具象的角度看时，它带有梅的意义，若从抽象的角度去看，不论是枝是干，这些都只是书法，因而他才说：“是梅是篆了不问。”

拓展训练营

写得一手好字，是作为一个中国人的骄傲。看过了这么多书法名家的作品，听说了他们勤学苦练的故事，如果你能从中受到启发，拿起笔来，努力练好汉字书写，该是一件多么令人开心的事情！加油吧。

笔愈简而神愈全

——齐白石

PART .30

齐白石画像

在书画市场上，有一位画家，因其作品屡创拍卖新高，甚至拉动了中国近现代书画作品整体价位的提升，而被人们形象地称作中国艺术市场的“晴雨表”。他，就是齐白石。

齐白石存世作品有多少？有人说近千件，有人说两万余件。据有关方面数据显示，国内收藏齐白石作品比较多的机构是北京画院、中国美术馆、辽宁省博物馆、北京故宫博物院以及中央美术学院美术馆等，此外，浙江美术馆、湖南美术馆、湖南湘潭齐白石纪念馆等也有部分齐白石作品，总的收藏量大概是3000多件。国外公共机构、私人收藏的齐白石作品也不少。据不完全统计，美国波士顿美术馆、捷克博物馆、日本京都国立博物馆、大英博物馆等都藏有齐白石的作品，共数百件。大英博物馆研究员史明理说，齐白石是第一个被西方人熟知的中国现代艺术家，他绘画的简单性、写意性是吸引西方艺术家的原因之一。

虾图 现代 齐白石

齐白石早年家境贫困，他正式读书和学画的时间都很晚。青年时期，他的绘画

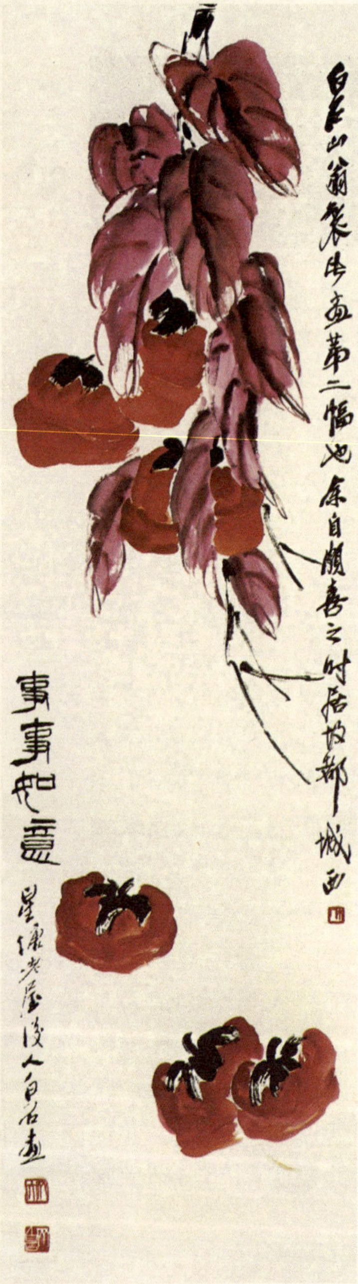

事事如意 现代 齐白石

主要是临摹，他还学过民间的肖像画法。50岁前，他的主要精力又用于学诗。因而，一直到他60岁，绘画尚不足观，不但没有个人风格，而且笔墨也不甚成熟，但尚能看出他的画里有一股清气，也不俗。60岁至70多岁，他忙于生计，作画大部分为了卖钱，大部分画是为了迎合买主的需要，为人祝寿，为人说吉祥话。因而他的画中，寿桃、世世平安、世世清白、鸳鸯、富贵、大吉大利之类内容特别多，但他在艺术上并不从俗，不过在色彩上仍有浓艳的倾向，但也形成了他的特色。齐白石的画，越老越佳，90岁前后，他的画境界已超越前人，那时他的生活已很优裕，不再为生计操心了。95岁至97岁，尤其是97岁时，他的画出神入化，炉火纯青，登峰造极，非人力所能为，他自己称是“鬼神所使非人力”。这是他的天赋、修养和功力达到最高境界时使然。因而评价齐白石的画应以他晚年的作品为主。

齐白石对中国花鸟画的发展作出了巨大的贡献。他继承了徐渭、八大山人、“扬州八怪”至吴昌硕一系，去其草率得其精练，去其狂放得其潇洒，去其粗浊增其清润，集古今之大成，成一家之法。齐白石的画大胆泼辣，随意点染，但骨

蟹 现代 齐白石

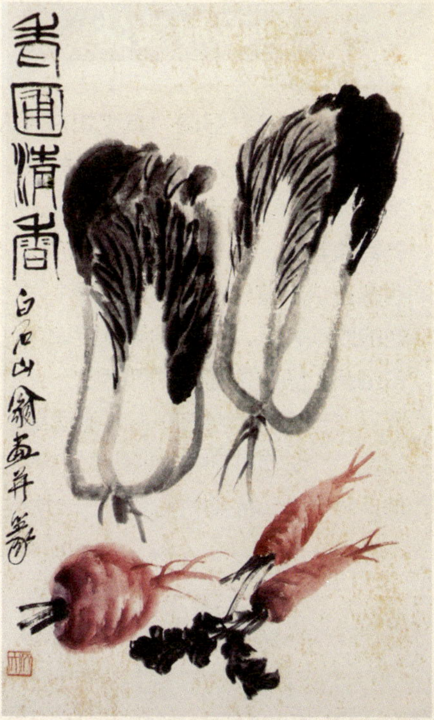

老圃清香 现代 齐白石

秀、天真、宁静、清润。中国的传统以秀为才，以清为高，以静为境，故有“秀才”、“清高”之说，齐白石的花鸟画在传统的基础上，用笔骨秀，突出“清”和“静”，将传统文人画推上一个新的高峰，成为20世纪最杰出的画家。而且他诗、书、画、印四绝，也是文人画的最高典范。

齐白石不仅影响了中国的绘画，也影响到国外。毕加索学习中国画，惟把齐白石的画临摹了20册，岂偶然哉？而且毕加索画和平鸽十分著名，可谓驰名全球，但他画的鸽子远远不及齐白石画的鸽子。齐白石看了毕加索的鸽子后说：“他画鸽子飞时，要画出翅膀的振动。我画鸽子飞时，画翅膀不振动，但要在不振动里看出振动来。”这就是难度和高度。至于齐白石画鸽子的笔墨情趣，水色的润味，那更是西洋画无法达到的。当然，中西画各有特点。可以说，齐白石不但是中国最杰出的画家，也是全世界最杰出的画家之一。

知识加油站

古人学艺，强调“其文如其为人”、“画品如人品”。齐白石画意超然，与其人品超然不无关系。他的文中经常提到“人誉之，一笑；人骂之，一笑。”“秦汉人，人子也；吾侪，亦人子也。不思吾侪有独到处，如今昔人见之，亦必钦佩。”当樊樊山和夏午诒要推荐他做官或到宫廷画画，可“弄个六七品的官衔时”，他坚决拒绝了。他的联句有云“一生长笑折腰卑”、“幸喜平生未折腰”。后来他画不倒翁，喻之为官（“俨然官”、“虽无肝胆有官阶”）其中一首诗云：“长安市上摆三千”。意思是，长安城里有官儿三千，但齐白石就我一个，可见他自视优越，认为自己远超过朝中大官的。自视优越，才有奋斗的动力和精神，才能成功。

有问必有答

齐白石的作品，在拍卖市场上究竟有怎样惊人的表现呢?

可以说，齐白石作品拍卖初期就以高价走上了拍台。1994年，约4.5平方尺的齐白石《松鹰图》以176万元成交，每平方尺平均35万元，创造了当时齐白石作品的最高价。齐白石最有名的《可惜无声》册页，1995年瀚海第一次推出时以180万元成交；到2000年，苏富比第二次推出时以301.4万元成交；2009年北京保利第三次推出，拍出9520万元。艺术品市场专家赵榆认为，齐白石作品的高价拉动了中国近现代书画作品整体价位的提升。

拓展训练营

对绘画对象进行细致入微的观察，是齐白石妙笔生花的诀窍之一。在古代画坛，还有一位画家因为勤于观察、直至“胸有成竹”而著称，你知道他是谁吗?